SCHRIFTENREIHE
DES ARCHIVVERBUNDES
BAND 5

BAUTZEN
ARCHIV
VERBUND
BUDYŠIN

D1731535

Die Schriftenreihe des Archivverbundes
wird von der Stadt Bautzen herausgegeben.

Kai Wenzel / Heinz Henke / Christoph Kretschmer

500 JAHRE TAUCHERFRIEDHOF BAUTZEN

HERAUSGEGEBEN VON DER STADT BAUTZEN
UND DEM EV.-LUTH. KIRCHSPIEL BAUTZEN

mitteldeutscher verlag

Gefördert durch den Kulturraum Oberlausitz-Niederschlesien.

Umschlagabbildung: Eingangsportal des Taucherfriedhofs
(Foto: Holger Hinz)

Redaktion: Grit Richter-Laugwitz (Leiterin des Archivverbundes Bautzen)

Bibliografische Information der Deutschen Nationalbibliothek
Die Deutsche Nationalbibliothek verzeichnet diese Publikation in der
Deutschen Nationalbibliografie; detaillierte bibliografische Daten sind im
Internet über http://dnb.dnb.de abrufbar.

1. Auflage
© 2023 mdv Mitteldeutscher Verlag GmbH, Halle (Saale)
www.mitteldeutscherverlag.de

Gesamtherstellung: Mitteldeutscher Verlag, Halle (Saale)

ISBN 978-3-96311-605-6

Printed in the EU

INHALT

GRUSSWORT DES OBERBÜRGERMEISTERS DER STADT BAUTZEN

Liebe Leserinnen und Leser,

Friedhöfe sind ein fester und wichtiger Bestandteil städtischer Kultur. Sie sind Orte der Bestattung und der Trauer für jeden Einzelnen von uns und für die gesamte Stadtgesellschaft, aber ebenso Orte der Erinnerung, der Entspannung, der Begegnung und der Erholung. Der vorliegende Band 5 der Schriftenreihe des Archivverbundes widmet sich dem Bautzener Taucherfriedhof, der vor 500 Jahren vor den Toren der Stadt angelegt wurde. Über die Jahrhunderte ist er zum wichtigsten Friedhof in der Stadt geworden, stetig gewachsen und inzwischen eng mit der Stadt verschmolzen. Er bietet Spaziergängern und Erholungssuchenden einen ökologisch wertvollen und intakten Naturraum inmitten der Stadt. Kunst- und kulturgeschichtlich Interessierte finden hier mit Taucherkirche und Taucherfriedhof zwei kulturgeschichtlich äußerst wertvolle Denkmale vor. Lässt man den Blick auf den besonders alten Grabmalen ruhen, hat man das Gefühl, in einem Geschichtsbuch zu lesen. Viele der hier bestatteten Bürger erlangten regionale oder auch überregionale Bekanntheit. Hätten Sie zum Beispiel gewusst, dass der Erfinder der Pockenimpfung, Johann Friedrich Probst, aus Bautzen stammte und hier begraben ist? Das Buch stellt über 100 Personen überwiegend deutscher und sorbischer Nationalität und ihre Grabstätten vor und nimmt neben der Geschichte von Taucherkirche und -friedhof auch das Taucherhospital sowie den städtischen Michaelisfriedhof – der eng mit dem Areal des Taucherfriedhofes verbunden ist – in den Blick. Als Auswahlkriterium für die Aufnahme in das Buch dienten dabei sowohl die Biografie der verstorbenen Person als auch die kunsthistorische Bedeutung des Grabmals. Voraussetzung war zudem, dass die Grabstätte zum derzeitigen Zeitpunkt so gut erhalten ist, dass sie auch noch die nächsten Jahre besucht werden kann. Auch die Besonderheit unserer Region als gemeinsame Heimat für Deutsche und Sorben spiegelt sich in der Personenauswahl wider. Dabei wurde bei der Namensnennung von Personen sorbischer Nationalität der Name verwendet, der sich auch auf dem Grabstein wiederfindet, unabhängig davon, wie die Person zu Lebzeiten in der Öffentlichkeit aufgetreten ist oder wie sich die Namensgebung posthum entwickelt hat.

Um ein solches Buch entstehen zu lassen, bedarf es vieler engagierter Partnerinnen und Partner. Besonders bedanken möchte ich mich bei den Autoren Kai Wenzel, Heinz Henke und Christoph Kretschmer, die, gemeinsam mit der Leiterin unseres Archivverbundes Grit Richter-Laugwitz, das Buch über nahezu fünf Jahre gemeinsam vorbereitet haben. Während Kai Wenzel die historische Gesamtdarstellung und die kunsthistorische Beschreibung der Grabmale übernahm, forschte Heinz Henke insbesondere zu den Biografien der dargestellten Personen. Eine wunderbare Ergänzung dazu sind die Betrachtungen von Christoph Kretschmer aus naturwissenschaftlicher Sicht. Die Fotos stammen überwiegend aus der Kamera des Bautzener Fotografen Holger Hinz, der dem Friedhof zahlreiche Besuche abstattete, um eindrucksvolle Bilder einzufangen. Ein großer Dank geht auch an den Kulturraum Oberlausitz-Niederschlesien, der für das Buch Fördermittel zur Verfügung gestellt hat. Nicht zuletzt bedanke ich mich auch beim Mitteldeutschen Verlag, der dafür sorgte, dass Leserinnen und Leser ein ansprechendes Buch erwerben können, das viele interessante Einblicke in die lange und spannende Geschichte des Taucherfriedhofes ermöglicht.

Die Stadt Bautzen und das Evangelisch-lutherische Kirchspiel Bautzen möchten Sie als Herausgeber des Buches gemeinsam einladen, auf Entdeckungsreise zu gehen. Lassen Sie sich inspirieren von interessanten Lebensläufen, spannenden Geschichten oder einfach der ästhetischen Schönheit der Anlagen.

Karsten Vogt

GRUSSWORT DES VORSITZENDEN DES KIRCHENVORSTANDES DES EV.-LUTH. KIRCHSPIELS BAUTZEN

Liebe Leserin, lieber Leser,

als der Taucherfriedhof vor 500 Jahren durch einen Ratsbeschluss vor den Toren der Stadt Bautzen/Budyšin angelegt wurde, zogen die Bestattungen und damit verbunden auch die Grabkultur immer mehr aus der Mitte der Stadtgesellschaft an deren Ränder. Die Gründe dafür waren vielfältig, aber dass sich zwischen Dom und Rathaus einmal ein wichtiger Begräbnisplatz befand, ist heute kaum mehr vorstellbar. Die wenigen Grabdenkmäler, die sich noch im Dom oder an seinen Außenmauern befinden, sind nur noch ein letzter Hinweis, dass Tod und Leben einstmals ganz sichtbar zusammengehörten in der Mitte der Gesellschaft. Aber auch das ist Geschichte, denn längst ist die Stadt weit über die mittelalterlichen Mauern gewachsen, und der Taucherfriedhof liegt wieder in ihrer Mitte.

Ein Sonntagnachmittag im September am Tag des offenen Denkmals. Viele denkmalinteressierte Menschen sind unterwegs, und auch auf dem Taucherfriedhof herrscht den ganzen Tag reger Betrieb. Bei mehreren Führungen werden kunsthistorisch bedeutende Grabmale vorgestellt und über die Lebensgeschichte bedeutender Bautzener Persönlichkeiten, die hier ihre letzte Ruhestätte haben, erfährt man viel zur Geschichte der Stadt. Zwischen den Bäumen im alten Teil des Friedhofs blinzelt die Sonne. Familien nutzen das schöne Wetter für einen Spaziergang oder schauen am Grab eines Angehörigen vorbei. An der barocken Gruftstraße informieren ehrenamtliche Mitglieder des Friedhofsausschusses über die Erhaltung der historischen Baudenkmäler. Später am Tag kann man in der Taucherkirche einem Orgelkonzert lauschen. An all dem sieht man, dass der Taucherfriedhof in die Mitte der Stadtgesellschaft gehört.

In den 500 Jahren seiner Geschichte ist er ein Abbild der Stadtgeschichte geworden mit ihrem Wohl und Wehe. Manches davon ist im Laufe der Zeit ins Vergessen geraten und ist dennoch an diesem Ort bewahrt. Mit diesem Buch sollen zumindest manche Erinnerungen wieder geweckt werden. Denn ein Spaziergang mit dem Buch in der Hand sei Ihnen sehr empfohlen. Dabei ist nicht zu vergessen, dass der Taucherfriedhof mit seinem reichen Baumbestand die größte innerstädtische Grünanlage Bautzens ist.

Wer über den Friedhof läuft, wird sehr schnell die vielen Grabstätten wahrnehmen, die aus verschiedenen Epochen hier versammelt sind. Die historischen Gruftstraßen ziehen in ihren Bann, und manche halbverwitterten Denkmäler weisen weit in die Vergangenheit.

Das Evangelisch-Lutherische Kirchspiel Bautzen als Träger des Friedhofs ist sich seiner Verantwortung für diesen besonderen historischen Ort sehr bewusst. Gleichzeitig ist die Bewahrung eines solchen Schatzes eine Aufgabe für alle. Wie das in der Gemeinschaft gelingen kann, hat eindrucksvoll die Erhaltung und Sanierung der Taucherkirche in den 1990er Jahren gezeigt, die ohne die Initiative Einzelner und viel großzügige Unterstützung aus der Stadtgesellschaft so nicht möglich gewesen wäre. Die zukünftige Erhaltung des Taucherfriedhofs und seiner historischen Grabdenkmäler wird ohne derart tatkräftiges Engagement nicht gelingen können.

Auch nach 500 Jahren ist der Taucherfriedhof ein Begräbnisort mitten in Bautzen. An jedem Tag kommen Menschen in ihrer Trauer um ihre Verstorbenen. Als Christen hoffen wir, dass der Tod nicht das Ende ist. Über dem Eingangsportal neben der Taucherkirche steht der Gruß: Friede sei mit euch. Mitten in der Stadt gilt er den Verstorbenen und den Lebenden gleichermaßen.

Einen herzlichen Dank allen, die an der Entstehung dieses Buches mitgewirkt haben. Allen Leserinnen und Lesern viel Freude und interessante Entdeckungen beim Lesen und auf den Wegen über den Taucherfriedhof.

Pfarrer Christian Tiede

DIE GESCHICHTE DES TAUCHERFRIEDHOFS, DER TAUCHERKIRCHE UND DES TAUCHERHOSPITALS

Kai Wenzel

Seit 500 Jahren ist der Taucherfriedhof der zentrale Begräbnisplatz der Stadt Bautzen. Viele Generationen fanden hier ihre letzte Ruhestätte. Mit seinen zahlreichen alten Grabdenkmälern ist er auch ein einzigartiger Ort der Bautzener Stadt- und Personengeschichte. Sein eigenartiger Name, der nichts mit den Tauchern zu tun hat, ist heute so geläufig, dass er von den Einheimischen wohl kaum noch hinterfragt wird. Vermutlich können aber nur wenige Bautzenerinnen und Bautzener erklären, woher der Name eigentlich stammt. Historisch mit dem Friedhof verbunden sind die Taucherkirche sowie das heute nicht mehr existierende Taucherhospital. Ihrer gemeinsamen Geschichte soll im Folgenden nachgegangen werden.

ENTSTEHUNGSGESCHICHTE DES TAUCHERFRIEDHOFS

Der Taucherfriedhof besitzt zwei historische Wurzeln, aus denen sowohl seine Bedeutung für die Stadt wie auch sein eigenartiger Name gewachsen sind. Die erste ist die Begräbniskultur des Spätmittelalters in Bautzen, existierten vor seiner Gründung doch bereits mehrere ältere Friedhöfe in der Stadt. Die früheste christliche Begräbnisstätte der Stadt war der Kirchhof von St. Petri, dessen Geschichte bis in die Entstehungszeit dieses ersten und stets ranghöchsten Gotteshauses der Stadt im Hochmittelalter zurückreicht.[1] Der Friedhof von St. Petri erstreckte sich früher über den gesamten Fleischmarkt bis zum Rathaus (Abb. 1). Da St. Petri aber nicht nur die Pfarrkirche für die Stadt, sondern auch für zahlreiche Dörfer in der Umgebung war, wuchs die Gemeinde im Spätmittelalter stetig an, weswegen der Platz auf dem Friedhof immer knapper wurde.

1 Friedhof von St. Petri, dargestellt auf dem Kupferstich von Johann George Schreiber, 1709

Neben dem Friedhof von St. Petri existierten kleinere Friedhöfe im Bautzener Franziskanerkloster sowie an der Liebfrauenkirche und der Hospitalkirche Zum Heiligen Geist.[2] Sie vermochten aber kaum eine Entlastung für den Friedhof von St. Petri zu schaffen, der sich auch nicht mehr erweitern ließ, da er inmitten der Stadt lag. Aus diesem Grund stiftete der Bürgermeister Hermann von Unaw 1407 seinen nördlich der Stadtmauer gelegenen Weinberg, damit darauf die Kirche St. Nikolai und der gleichnamige Friedhof als neuer Begräbnisort angelegt werden konnten.[3] Doch auch diese von der Stadtmauer und dem Spreetal eng begrenzte Fläche erwies sich innerhalb eines Jahrhunderts erneut als zu klein.

Getragen von der Erkenntnis, dass der in der Stadt gelegene, dicht belegte Friedhof von St. Petri die Gesundheit der Bevölkerung gefährdete, entschloss sich der Rat schließlich, ihn wesentlich zu verkleinern und stattdessen einen neuen Gottesacker vor den Toren anzulegen. Im Juni 1523 erhielt die Kommune dafür die Erlaubnis des Meißener Bischofs Johann VII. von Schleinitz. Als Standort wählte der Rat eine Fläche vor den östlichen Stadttoren an der Straße nach Löbau, wo sich bis dahin Äcker und kleine Steinbrüche befanden, von denen rund anderthalb Hektar als Fläche für den neuen Gottesacker dienten (Abb. 2). Die Entscheidung, ihn an dieser Stelle anzulegen, dürfte dem Rat und der Stadtgemeinschaft vermutlich nicht leichtgefallen sein, da er nun rund einen Kilometer von der Hauptkirche St. Petri entfernt und zudem ungeschützt außerhalb der Stadtmauern lag.[4]

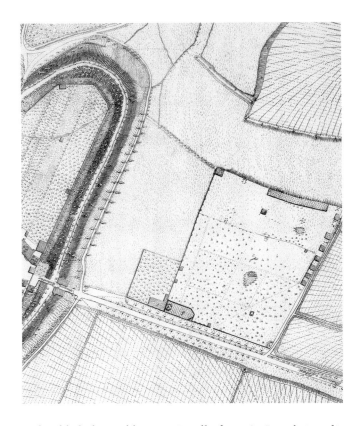

Daher blieb der verkleinerte Friedhof von St. Petri bei traditionsreichen Familien auch in den folgenden Jahrhunderten
und bis zu seiner gänzlichen Auflösung 1799 weiterhin beliebt.

Die zweite historische Wurzel des Taucherfriedhofs liegt
außerhalb von Bautzen und führt auf die Spur seines eigen-
artigen Namens. Dieser geht zurück auf den Taucherwald,
ein rund 15 Kilometer westlich von Bautzen gelegenes Forst-
gebiet nahe des Dorfes Uhyst am Taucher. Sein Name leitet
sich vom sorbischen Wort stuchły (muffig, moderig) ab, was
wohl ein Hinweis auf den modrigen Waldboden der Gegend
war. Ins Deutsche übernommen, verlor sich das Wissen um
seine ursprüngliche Bedeutung jedoch schon im Mittelalter.

Vermutlich seit Mitte des 14. Jahrhunderts gab es in-
mitten des Taucherwalds eine Wallfahrtskapelle, in der ein
Bild bzw. eine Figur der Gottesmutter Maria verehrt wurde.
„Der Zulauf dahin war sehr groß", berichtete der Oberlau-

sitzer Christian Knauthe noch im 18. Jahrhundert über die Wallfahrt im Taucherwald.[5] Als der Bautzener Rat das Dorf Uhyst mit dem dazugehörigen Waldgebiet im Jahr 1484 erwarb, übernahm er auch die Aufsicht über die Marienwallfahrt. Da aber an dem abgeschiedenen Ort immer wieder „Unzucht" und „Kriminalität" um sich griffen, bat der Bautzener Rat den Meißener Bischof Johann VII. von Schleinitz 1523 um die Erlaubnis, die Wallfahrt neu ordnen zu dürfen.[6] Die Stadtregierung beabsichtigte nicht, sie völlig zu unterbinden, sondern wollte die Integrität dieses Ortes wiederstellen, der durch die zahlreichen Pilger auch Einnahmen versprach. Daher wurde das Bild der „gloriosissima virginis" aus der Kapelle in die Pfarrkirche von Uhyst versetzt, wo das Wallfahrtsgeschehen vom städtischen Inspektor, der mit der Verwaltung der Bautzener Ratsdörfer betraut war, besser überwacht werden konnte. Am neuen Ort bestand die Marienwallfahrt unter der Aufsicht des Bautzener Rates nahezu weitere drei Jahrzehnte fort. Erst als sich der Uhyster Pfarrer 1551 zum lutherischen Glaubensverständnis bekannte, wurde das Gnadenbild nach Göda gebracht, wo sich in den 1570er Jahren seine Spuren verlieren.[7]

Mit der Reformation Martin Luthers, der das Wallfahrtswesen im Sendschreiben „An den christlichen Adel deutscher Nation" 1520 scharf kritisierte, hatten die vom Bautzener Rat vorgenommenen Veränderungen an der Marienwallfahrt im Taucherwald noch nichts zu tun. Luther hatte die Aufhebung der Wallfahrtsorte gefordert und nicht ihre Neuordnung, und er warf den Bischöfen vor, dass sie das Teufelswerk des Wallfahrens zu „wilden Capellen und feltkirchen" unterstützen, wodurch unmoralisches Verhalten gefördert würde.[8] Auch die Mittlerrolle Mariens, die mit der Versetzung des Gnadenbilds in die Uhyster Pfarrkirche gewahrt blieb, lehnte Luther ab und empfahl den Gläubigen stattdessen, die Gottesmutter lediglich als ein historisches Tugendbeispiel in Ehren zu halten.[9] Von dieser Kritik zeigte sich der Bautzener Rat offensichtlich unbeeindruckt, als er die Uhyster Wallfahrt neu ordnete. Zeitgleiche Geschehnisse in Bautzen deuten ebenfalls darauf hin, dass die Stadtregierung zu diesem Zeitpunkt noch nicht im Sinne Luthers handelte. Denn als es 1523 beim alljährlichen Fest des Sommeranfangs auf dem Bautzener Markt zur öffentlichen Verbrennung einer Papstpuppe kam, ging der Rat gegen diese „Büberei" streng vor und ließ die Täter inhaftieren.[10]

Für die Wallfahrtskapelle im Taucherwald, die nach der Versetzung des Gnadenbilds in die Uhyster Pfarrkirche ihre Funktion verloren hatte, enthielt die Konzessionsurkunde des Meißener Bischofs eine außergewöhnliche Regelung. Das Gotteshaus sollte nicht einfach abgerissen werden, vielmehr erhielt der Bautzener Rat die Erlaubnis, es zu zerlegen und abzutransportieren. Auf dem gerade angelegten neuen Gottesacker wurde es wieder aufgestellt und diente nunmehr als Friedhofskapelle. Zusammen mit dem Gotteshaus kam aber auch der Name des früheren Standorts „im Taucher" nach Bautzen und wurde in der Folge zur Bezeichnung des neuen Friedhofs.

DIE TAUCHERKIRCHE – ARCHITEKTUR UND AUSSTATTUNG

Die aus dem Taucherwald bei Uhyst auf den neuen Bautzener Gottesacker versetzte ehemalige Wallfahrtskapelle stand nicht dort, wo sich die heutige Taucherkirche befindet. Vielmehr hatte sie der Rat etwa an der Stelle wiedererrichten lassen, an der später das Beinhaus des Taucherfriedhofs gebaut wurde. Bei der Kapelle könnte es sich um eine Holzkonstruktion in Blockbauweise gehandelt haben, vergleichbar der um 1522 errichteten und 1780 erneuerten Schrotholzkapelle in Sprey bei Weißwasser.[11] Aus einzelnen Balken bestehend, war ein solches Bauwerk zerlegbar und besaß dadurch eine potenzielle Mobilität. Mit dem Uhyster Kirchengebäude wurden auch die darin befindlichen Altäre nach Bautzen übertragen, einschließlich ihrer Ausstattung und Einkünfte. Der Meißener Bischof legte besonderes Augenmerk darauf, dass die Altarmensen und versiegelten Altarreliquien nicht beschädigt wurden, da dies eine Neuweihe notwendig gemacht hätte.[12] Der Hauptaltar der Wallfahrtskapelle dürfte der Gottesmutter Maria geweiht gewesen sein. Zu den Patrozinien weiterer Altäre schweigen die Quellen zwar, doch blieben in der Pfarrkirche von Uhyst mehrere spätmittelalterliche Skulpturen erhalten, die der Überlieferung zufolge aus der Wallfahrtskapelle stammen sollen und zu Beginn des 20. Jahrhunderts in das Bautzener Stadtmuseum gelangten.[13] Zu ihnen gehört eine monumentale spätgotische Figur des gekreuzigten Christus, in deren schmerzverzerrten Gesichtszügen das Leiden und Sterben intensiv nachempfunden sind – eine Realitätsnähe, die eine heute verlorene Perücke aus echtem Haar ehedem noch steigerte (Abb. 3).[14]

Unsicher ist, wie die Kapelle auf dem neuen Gottesacker zunächst genutzt wurde, da ihre Umsetzung unmittelbar in die Reformationszeit fiel. Als Begräbniskirche wäre sie nach dem althergebrachten Glaubensverständnis der Ort gewesen, wo nicht nur Trauergottesdienste stattgefunden hätten, sondern an den Altären auch regelmäßige Seelmessen für die Verstorbenen gelesen worden wären, wie das z. B. für den Dom St. Petri oder die Nikolaikirche belegt ist. Mit dem Einzug der Reformation fand diese Form der Frömmigkeit aber ihr Ende, und es liegen auch keine Nachrichten über Seelmessen in der Taucherkirche bzw. entsprechende Stiftungen vor. Stattdessen fanden hier evangelische Predigtgottesdienste für Verstorbene statt, in denen an ihr Leben erinnert und der Hoffnung auf ihre Auferstehung Ausdruck verliehen wurde.

Im Februar 1550 beschädigte ein Sturm die aus dem Taucherwald versetzte Kapelle so sehr, dass sie abgerissen werden musste.[15] Nunmehr gab es fast fünfzig Jahre lang kein Kirchengebäude auf dem Bautzener Gottesacker. Stattdessen entstand dort, wo später die neue Taucherkirche errichtet wurde, zunächst nur ein provisorisches Bauwerk: ein an die Kirchhofsmauer angefügter offener Bau mit einem Ziegeldach, „worunter man im Trockenen das Gebeth samt denen Leichen-Reden und Abdankungen verrichtete".[16] Da sich dieses Gebäude vor allem während der Wintermonate als unzureichend erwies, beauftragte der Rat den Stadtbaumeister Wenzel Röhrscheidt d. J., eine neue Friedhofskirche zu bauen.[17]

Unter dem Bautzener Maurermeister Michael Hentzsch begannen die Arbeiten für den Kirchenneubau im Frühjahr 1598.[18] Beim Ausheben des Baugrunds stießen die Handwerker auf guten Lehm und Steine,[19] so dass die notwendigen Materialien gleich vor Ort zur Verfügung standen. Am Montag nach dem Dreieinigkeitssonntag (erster Sonntag nach Pfingsten), dem 18. Mai 1598, konnte Röhrscheidt den Grundstein für die neue Kirche feierlich legen. In ihn war eine Messingtafel mit den eingravierten Worten eingelassen: „In der heilichen Dreyfaltigkeit Nahmen wurde dieser Grundstein gelegt Montag nach Trinitat. Anno MDIIC. Wenzel Roehrscheidt, Aedilis".[20] Die Bauarbeiten schritten zügig voran, so dass die neue Kirche schon nach etwa sechs Monaten fertiggestellt war und am 4. Januar 1599 die feierliche Weihe erfolgen konnte. Das Gotteshaus wurde der Heiligen Dreifaltigkeit geweiht, weswegen ihr offizieller Name eigentlich Dreifaltigkeitskirche und nicht Taucherkirche lauten müsste.

Die neue Saalkirche von rund 30 Metern Länge und etwa 12 Metern Breite, mit ⅜-Chorpolygon, Portalen an der Süd- und Nordseite und einem kleinen Turm über dem Westgiebel ist trotz mehrfacher Beschädigungen und Erneuerungen im Wesentlichen in ihrer ursprünglichen Bausubstanz bis heute erhalten (Abb. 4). Das zeigt auch die älteste Darstellung der Taucherkirche, die der Maler Matthäus Crocinus in den 1630er Jahren schuf (Abb. 5). Ein wesentlicher Unterschied bestand allerdings auf der Westseite, wo sich statt der heutigen hohen Giebelwand das Gebäude des einstigen Taucherhospitals direkt anschloss. Deshalb konnte die Kirche früher auch nicht durch das Westportal betreten werden, das lediglich als Verbindungstür zwischen dem Hospital und dem Gotteshaus fungierte.

Ihren Haupteingang von der Straße bzw. von der Stadt aus besaß die Taucherkirche stets auf der Südseite. Er ist mit einem Sandsteinportal in Renaissanceformen betont, dessen Zwickel mit antikisierenden Ornamenten gestaltet sind und

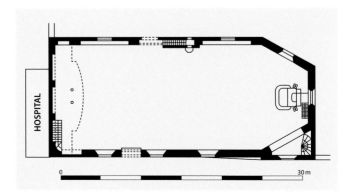

4 Grundriss der Taucherkirche (Zustand vor Abbruch des Taucherhospitals 1897)

in dessen Fries sich der Spruch „Soli Deo Gloria" (Gott allein sei die Ehre) findet (Abb. 6). Im bekrönenden Dreiecksgiebel präsentieren zwei Putten das Bautzener Stadtwappen zusammen mit der Inschrift „Budißin 1598" sowie dem lateinischen Spruch „Da domine incrementum" (Herr gib Gedeihen). In dieser Form gehört das Südportal nicht nur zu den wenigen architektonischen Kunstwerken der Renaissancezeit in Bautzen, sondern auch zu den ältesten erhaltenen Beispielen für den heute fast vergessenen alten Wahlspruch der Kommune.[21]

Durch das mit einer Vorhalle geschützte Portal auf der Nordseite erfolgte früher der Zugang auf den Friedhof, weswegen es vor allem während der Begräbnisfeierlichkeiten genutzt wurde. Neben ihm bestand in der Nordwand des Gotteshauses auch eine Außenkanzel, auf der die Geistlichen die früher bei Trauerfeierlichkeiten üblichen Leichenpredigten im Freien abhielten. Zwar ist die äußere Wandöffnung heute vermauert, erhalten ist jedoch der Wanddurchbruch für die Innenkanzel und die schmale, in die Außenmauer integrierte Treppe.

Die Taucherkirche ist ein wichtiges Denkmal für die Emanzipation der evangelischen Bautzener Stadtgemeinde, war sie doch der erste protestantische Kirchenneubau, der nach der Reformation in der Stadt entstand. Anlässlich der Weihe des neuen Gotteshauses hielt der Pastor primarius Friedrich Fischer 1599 daher eine programmatische Predigt. In ihr deutete er die Ereignisse der rund sieben Jahrzehnte

zuvor erfolgten Reorganisation der Uhyster Marienwallfahrt
und der Versetzung der früheren Wallfahrtskapelle neu, indem er vor den versammelten Ratsherren und Angehörigen
der Bürgerschaft behauptete, dass ihre „lieben Vorfahren"
die städtische Obrigkeit geradezu darum ersucht hätten, das
Marienbild in Uhyst zu beseitigen, um Abgötterei und Irr-
glauben zu beenden und die Kapelle auf dem Bautzener Gottesacker einer gottgefälligen Nutzung zuzuführen.[22]

In Fischers herrschaftstreuer Auslegung der Ereignisse
des Jahres 1523 erschien der Bautzener Rat als eine in religiösen Fragen ihrer Bürgerschaft gegenüber fürsorgliche
Institution, die die Gemeinschaft im Sinne der Reformation
Martin Luthers von der schädlichen Bilderverehrung befreit
habe. Weder erwähnte der Geistliche aber, dass der Meißener
Bischof Johann VII. die Bautzener Stadtregierung in ihrem

Bestreben unterstützt hatte, die Wallfahrt in der Uhyster Pfarrkirche neu zu ordnen, noch dass sie danach weitere drei Jahrzehnte fortbestand. Fischers Predigt ist daher in ihrer Tendenz, die Ereignisse des Jahres 1523 gewissermaßen als einen Ausgangspunkt für die Reformation in Bautzen darzustellen, ein charakteristisches Beispiel für die frühneuzeitliche protestantische Geschichtsschreibung. Vielerorts postulierte sie solche vermeintlichen Schlüsselereignisse, die den Anfang des evangelischen Glaubens lokal markieren und der jeweiligen Gemeinde einen Ort der kollektiven Erinnerung verschaffen sollten, um die Identität und das Traditionsbewusstsein zu stärken.

Auch dem Neubau der Taucherkirche sprach Fischer eine solche symbolische Bedeutung zu, die er mit einem theologischen Diskurs über den rechtmäßigen Kirchenbau begründete. Während er die Überführung der früheren Wallfahrtskapelle in eine Traditionslinie mit den im Alten Testament erwähnten Gotteshäusern wie dem transportablen Zelttempel der Israeliten stellte, grenzte er die neue Taucherkirche von altgläubigen Vorstellungen ab, zu der er die Marienverehrung zählte, für die die alte Wallfahrtskapelle ursprünglich gebaut worden war. Solche Frömmigkeitsformen, die nach Meinung des evangelischen Geistlichen gegen die göttlichen Gebote verstießen, sollten in der neuen Taucherkirche keinen Platz mehr haben, sondern diese sollte ein Zeichen für die Rechtgläubigkeit der Bautzener Stadtgemeinschaft sein.

Damit der Predigttext über den Weihgottesdienst hinaus seine Wirkung entfalten konnte, ließ Friedrich Fischer ihn ein Jahr später drucken (Abb. 7). Zusätzlich wurde ein Stiftungsbuch angelegt, in dem der Ursprung des neuen Gotteshauses und seine Bedeutung für die evangelische Stadtgemeinde festgeschrieben sowie der Stifter der zentralen Ausstattungsstücke gedacht wurde (Abb. 8).[23] Das Stiftungsbuch bildete auch ein wichtiges Instrument für die Etablierung der Taucherkirche als juristische und wirtschaftliche Institution, für deren Verwaltung der Rat ein neues Amt einrichtete.

Die Predigt Fischers mit ihren zahlreichen Polemiken auf die katholische Kirche hatte ihren Anlass auch in den konfessionellen Spannungen, die zu dieser Zeit zum Konflikt zwischen der evangelischen Stadtregierung und dem katholischen Kollegiatstift St. Petri führten. Nachdem das Kollegiatstift im Verlauf des 16. Jahrhunderts einen zunehmenden Autoritätsverlust hinnehmen musste und durch den Glau-

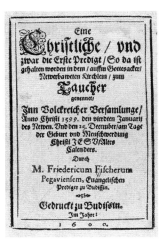

benswechsel zahlreicher Mitglieder sogar vom Untergang bedroht gewesen war, setzte unter dem Dekan Johann Leisentritt in den späten 1550er Jahren eine Konsolidierungsphase ein. Der aus Mähren stammende, in Krakau und Prag ausgebildete katholische Geistliche war 1560 vom Meißener Bischof Johann IX. von Haugwitz zum kirchlichen Generalkommissar für die Ober- und Niederlausitz berufen worden. Damit erhielt Leisentritt die Verwaltung über die letzten katholisch gebliebenen Gebiete des zerfallenden Bistums Meißen. In seiner Funktion als Apostolischer Administrator war er der römischen Kurie unmittelbar unterstellt und mit umfangreichen bischöflichen Rechten ausgestattet.[24] Diese wollten Leisentritt und seine Nachfolger nicht nur innerhalb der katholischen Restgebiete, sondern im gesamten Territorium des Lausitzer Archidiakonats wahrnehmen, was sie zwangsläufig in Konflikte mit den auf ihre Eigenständigkeit bedachten evangelischen Gemeinden brachte.

Gleichzeitig begann sich die Bautzener Bürgerschaft gegenüber dem Kollegiatstift, das nach wie vor Hausherr der Hauptkirche St. Petri war, als souveräne evangelische Gemeinde zu emanzipieren. Der Neubau der Taucherkirche spielte dafür eine wichtige Rolle, denn er erfolgte völlig unabhängig von den Interessen des Kollegiatstifts bzw. des Apostolischen Administrators. Der sich abzeichnende Konflikt brach schließlich offen aus, als die evangelische Gemeinde in St. Petri einen eigenen Taufstein aufstellte, um das Sakrament der Taufe, das nur von einem katholischen Geistlichen gespendet werden durfte, nun von eigenen evangelischen Geistlichen ausführen zu lassen.[25] In einem Kompromiss, den der deutsche Kaiser und böhmische König Rudolf II. mit dem „Taufsteinrezess" von 1599 vermittelte, wurde geregelt, dass die Bürgerschaft ihren neuen Taufstein aus St. Petri wieder entfernen musste, aber das Recht behielt, durch eigene evangelische Geistliche Taufen durchzuführen.[26] Daraufhin wurde der Taufstein in die neue Taucherkirche versetzt, die der evangelischen Stadtgemeinde nun nicht nur als Begräbnis- und Hospitalkirche, sondern vorübergehend auch als Taufkirche diente. Als Erste wurde die Tochter eines Bautzener Tuchmachers am 23. Oktober 1599 hier getauft.[27] Bis zum Jahr 1619 verblieb der Taufstein in der Taucherkirche und gelangte dann in die Michaeliskirche, wo er sich bis heute befindet.[28]

Die neue Taucherkirche erhielt mit Unterstützung vermögender Bautzener Bürger eine prachtvolle erste Ausstattung. Für den Altar stiftete der Bürgermeister Melchior Pick im Jahr 1601 ein nicht mehr vorhandenes hölzernes Retabel, dessen Mittelpunkt ein Schnitzrelief mit der Darstellung des Letzten Abendmahls bildete.[29] Zudem griff eine am Altar angebrachte lateinische Inschrift nochmals die gegen das katholische Kollegiatstift St. Petri gerichtete Rhetorik auf. Sie betonte, dass der Altar nicht dazu errichtet worden sei, den Aberglauben zu fördern, sondern um der evangelischen Stadtgemeinde zu dienen und dem Kirchengebäude eine Zierde zu sein.[30] Außerdem sollte er dem Stifter auch nach seinem Tod das Gedenken der Gemeinde sichern, weswegen er gleichzeitig die Funktion eines Epitaphs für Melchior Pick erfüllte. Vor dem Altar entstand eine Gruft, in der unter anderem der Bürgermeister Moritz Moßhauer und seine Gemahlin Margarethe sowie der Jurist Johann Peucer und seine Gemahlin ihre letzten Ruhestätten fanden.[31]

Wie bereits erwähnt, besaß die Taucherkirche ursprünglich zwei Kanzeln – eine nach außen dem Friedhof zugewandte und eine im Inneren –, die Elisabeth Lochner, die Witwe eines vermögenden Bautzener Bürgers, 1605 bemalen und vergolden ließ.[32] Ihre Zuwendung resultierte sicherlich daraus, dass ihr Gatte Hans Lochner sowie ihre beiden Söhne in der Nähe der Kanzeln bestattet worden waren.

Einen weiteren Höhepunkt der Erstausstattung der Taucherkirche bildete die heute ebenfalls nicht mehr vorhandene Bemalung ihrer hölzernen Decke. Mit finanzieller Unterstützung durch den Bürger Ernst Schönlebe beauftragte der Bautzener Rat den Maler Michael Sporer im Jahr 1606, die Darstellung des Jüngsten Gerichts über dem Altar an die Kirchendecke zu malen. Unterhalb der Gerichtsszene wurden die Porträts von Bautzener Ratsherren, Schuldienern und Kirchenvätern angebracht. Im gleichen Jahr erhielt Sporer auch den Auftrag, die Emporen der Taucherkirche mit biblischen Szenen zu gestalten.

Bei der Belagerung der Stadt Bautzen durch die Truppen des sächsischen Kurfürsten Johann Georg I. im Herbst 1620 wurde die Taucherkirche stark beschädigt. Vorsätzlich hatten die Soldaten des böhmischen Winterkönigs Friedrich von der Pfalz, die die Stadt zu verteidigen suchten, zahlreiche vor den Toren gelegene Gebäude in Brand stecken lassen, damit sie dem Gegner keine Deckung bieten konnten.[33] Durch dieses Feuer ging auch die gesamte, nur noch durch Beschreibungen dokumentierte Erstausstattung der Taucherkirche verloren. Die Schäden konnten bis 1627 behoben werden. Danach erhielt die Kirche zum zweiten Mal eine Innenausstattung – erneut dank großzügiger Stiftungen zahlreicher Bürgerinnen und Bürger. So finanzierte Caspar Peucer d. J. eine neue Kanzel, die der Pfarrer Johann Zeidler mit einer Predigt am 8. Oktober 1627 einweihte.[34] Zwei Jahre später stiftete Andreas Nitsche ein neues Altarretabel, das nach seinem Tod als Epitaph an ihn erinnern sollte.

Der Funktion der Taucherkirche als Begräbniskirche entsprechend, wurden in ihr früher auch die für Bestattungen benötigten Utensilien wie der Leichenwagen und die Leichentücher aufbewahrt, für deren Nutzung eine Gebühr zu entrichten war. Diese Einnahmen fielen genauso wie die Gebühren, die für das Läuten der Kirchenglocke bei Beerdigungen oder für das Setzen von Grabsteinen entstanden, der Kasse der Taucherkirche zu. Da diese unverzichtbaren Gerätschaften ebenfalls beim Brand von 1620 verlorengegangen waren, mussten sie neu beschafft werden. So stiftete der Arzt und Ratsherr Gregorius Mättig der Taucherkirche 1636 zwei neue Leichentücher.[35]

Nur wenige Jahre später erlitt das Interieur der Kirche erneut schwere Beschädigungen, als 1639 schwedische Truppen bei der Belagerung Bautzens die hölzernen Ausstattungsstücke für ihre Lagerfeuer nutzten. Nach Kriegsende musste der Kirchenraum daher zum dritten Mal neu gestaltet werden, was sich jedoch – wie die Behebung der Kriegsschäden in

Bautzen allgemein – fast bis zum Ende des 17. Jahrhunderts hinzog. Ein wichtiges Ausstattungsstück aus dieser Phase ist das bis heute erhaltene Altarretabel von 1678. Das in mehreren Zonen aufgebaute Werk zeigt in drei Gemälden die Grablegung, die Auferstehung und die Himmelfahrt Christi (Abb. 9), wobei der namentlich nicht bekannte Maler wie zu dieser Zeit üblich Kupferstiche als Vorlagen für die Komposition seiner Werke verwendete.[36] Den oberen Abschluss bildet eine aus Holz geschnitzte Figur Gottvaters; weitere ehemals auf den Gesimsen angebrachte Zierelemente gingen in späterer Zeit verloren. Erläuternde Inschriften in den Zwischenzonen zitieren Textstellen aus den Psalmen und erinnern an den Bautzener Bürger Andreas Nitsche, dessen Kinder den beschädigten Altar von 1629 zu seinem Gedenken neu errichten ließen und dessen Antlitz durch ein kleines

Porträtgemälde vergegenwärtigt wird. Die an ihn erinnernde Inschrift könnte zur Vermutung Anlass geben, dass es sich noch um das Retabel von 1629 handelt. Tatsächlich sprechen aber die Gestaltungsformen eindeutig für die zweite Hälfte des 17. Jahrhunderts, was auch eine Quellennachricht in der Chronik Karl Friedrich Techells bestätigt.[37] Das vermutlich von einem Bautzener Bildhauer geschaffene Altarwerk findet seine nächste Parallele im Altar der Kirche von Kleinbautzen, der 1675 entstand.[38] Es kann nur vermutet werden, dass die Kartusche mit dem Bildnis des Andreas Nitsche und der an seine Stiftung erinnernden Inschrift vom beschädigten Vorgängerretabel übernommen wurde.[39]

Das Nitsche-Retabel stand bis 1780 auf dem Altar der Taucherkirche, wurde dann durch den bis heute existierenden Kanzelaltar ersetzt und auf das steinerne Postament der alten Kanzel an der Nordwand der Kirche versetzt. Nach einer kurzen Zeit im Bautzener Stadtmuseum kehrte es 1926 in das Gotteshaus zurück und fand nun seinen heutigen Standort an der Ostwand links neben dem Kanzelaltar. Nicht mehr in der Taucherkirche vorhanden ist eine ebenfalls zur dritten Ausstattungskampagne gehörende Kanzel, die Rosina Platz, die Witwe des Bautzener Stadtrichters, im Jahr 1693 stiftete.[40] Sie könnte identisch gewesen sein mit der Kanzel, die von der Kirchgemeinde St. Petri auf Vermittlung des Landesamtes für Denkmalpflege 1926 an die Dresdener Matthäuskirche verschenkt, dort jedoch 1945 zerstört wurde.[41]

Abgesehen von regelmäßigen Instandsetzungsarbeiten blieb die Taucherkirche seit den Erneuerungen in der zweiten Hälfte des 17. Jahrhunderts für fast einhundert Jahre unverändert (Abb. 10). Erst die Verwüstungen während des Bayerischen Erbfolgekriegs 1778/79, als die Kirche von der preußischen Armee als Getreidespeicher und Lazarett genutzt wurde, machten wieder gründliche Reparaturen notwendig.[42] So erhielt das Kirchendach 1781 neue Schindeln, und der zuletzt 1695 erneuerte Glockenturm erfuhr eine

10 Ansicht der Taucherkirche, des Taucherhospitals und der Friedhofsmauer von der Löbauer Straße, unbekannter Zeichner, 2. Hälfte 18. Jahrhundert

vollständige Instandsetzung und Verkleidung mit Kupfer-
blech.[43] Da die darin aufgehängte alte Glocke gesprungen
war, stellte der Bautzener Glockengießer Goll eine neue her.[44]
Zum nunmehr vierten Mal erfuhr auch das Kircheninnere
eine weitgehende Neugestaltung. Hauptstück dieses neuen
Interieurs ist das als Kanzelaltar gestaltete Retabel von 1781,
das sowohl den Nitsche-Altar von 1678 als auch die Kanzel
von 1693 ablöste (Abb. 11). Dem Zeitgeschmack entsprechend, wurde es in Formen des Klassizismus gestaltet. Die
Holzarbeiten führte der Bautzener Tischlermeister Boetius
aus, die Farbfassung stammte vom Maler Keller, während der
Bildhauer Philipp Johann Dittrich, der in den 1780er Jahren
auch neben dem Taucherhospital wohnte, die Verzierungen
schnitzte.[45] Bereits 1771 hatte der Rat rechts neben dem Altar
eine neue Sakristei mit darüberliegender Loge anbauen las-

sen.[46] Um den dafür notwendigen Raum zu schaffen, wurde der südöstliche Teil des Chorpolygons außen ummauert, was noch heute im leichten Vorsprung der südlichen Außenwand erkennbar ist.

Bereits wenige Jahrzehnte nach dieser Erneuerung erlitt die Taucherkirche erneut starke Beschädigungen, als sie während der Schlacht bei Bautzen 1813 als Lazarett diente und ihr Interieur, wie auch das des benachbarten Taucherhospitals, stark verwüstet wurde. In der Kirche kampierende Soldaten rissen das Gestühl und die Emporen heraus, um das Holz zu verbrennen.[47] Es dauerte bis 1823, bevor die inzwischen fünfte Neugestaltung des Innenraums abgeschlossen werden konnte. Im Verlauf des 19. Jahrhunderts erfolgten noch verschiedene bauliche Veränderungen, wie die 1831 notwendige Vergrößerung des dem Friedhof zugewandten Nordportals. Es ist heute nur noch schwer vorstellbar, dass es zu dieser Zeit üblich war, mit dem Leichenwagen von der Stadt kommend durch das renaissancezeitliche Südportal direkt in die Kirche zu fahren. Im Innenraum hielt der Wagen während des Trauergottesdienstes, um dann durch das Nordportal auf den Friedhof weiterzufahren. Damit die Pferde des Leichenwagens vor Wetter geschützt vor der Kirche stehen konnten, erhielt das erweiterte Nordportal 1831 eine hölzerne Vorhalle.[48]

Mitte des 19. Jahrhunderts diente die Taucherkirche zeitweise auch für Konzerte, die meist der Bautzener Gesangsverein organisierte. Die überlieferten Schreiben, mit denen der Verein jeweils um die Nutzung des Gotteshauses bat, geben einen Einblick in die bürgerliche Musikkultur dieser Zeit.[49] So ersuchte der Organist Karl Eduard Hering als Vertreter des Gesangsvereins im April 1850 beim Rat um die Erlaubnis, das Oratorium „Der Messias" von Georg Friedrich Händel gegen Eintrittsgeld aufführen zu dürfen. Einige Monate später bat er darum, das Oratorium „Elias" von Felix Mendelssohn Bartholdy in der Taucherkirche spielen zu können. Im Folgejahr brachte der Verein an gleichem Ort auch das Oratorium „Paulus" von Mendelssohn Bartholdy zu Gehör und ein Jahr später das Requiem von Wolfgang Amadeus Mozart.

Trotz dieser zusätzlichen Nutzung verlor die Taucherkirche seit den 1880er Jahren zunehmend an Bedeutung. Seit der Fertigstellung der neuen Trauerhalle auf dem Taucherfriedhof 1885 fanden Trauergottesdienste in ihr immer seltener statt. Als schließlich das alte Taucherhospital durch den Neubau des Vereinigten Frauen- und Männerhospital ersetzt wurde, verlor die Kirche auch ihre zweite wichtige Funktion, da im neuen Hospitalgebäude ein Betsaal vorhanden war. Der Kirchenvorstand von St. Petri dachte daher seit 1894 darüber nach, die Taucherkirche künftig für Militärgottesdienste zu nutzen, und wollte sie dafür in neogotischen Formen erneuern lassen. Dagegen legte die Königlich Sächsische Kommission zur Erhaltung der Kunstdenkmäler, Vorläuferin des späteren Landesamtes für Denkmalpflege, nach einem Gutachten des bekannten Kunsthistorikers Cornelius Gurlitt jedoch ihr Veto ein.[50] Auch einem anschließend vom Kirchenvorstand geplanten Abbruch des Gotteshauses zugunsten eines Neubaus, für den bereits 40.000 Reichsmark eingeplant waren, konnten sowohl die Kommission als auch der Bautzener Stadtrat nicht zustimmen.[51] Schließlich erstellte der Architekt Woldemar Kandler, der zu dieser Zeit für zahlreiche Kirchenneubauten in Sachsen verantwortlich zeichnete, ein Konzept für die Wiederherstellung der Taucherkirche. Es nahm einige erst Jahrzehnte später realisierte Ideen vorweg, wie etwa die nach dem Abbruch des Taucherhospitals notwendige Neugestaltung der Westfassade.[52] Doch der Kirchenvorstand, dem inzwischen der Neubau der Maria-Martha-Kirche in der Ostvorstadt zur Verfügung stand, sah keine Notwendigkeit mehr für eine Nutzung der Taucherkirche, weswegen sich 1902 alle Pläne für ihre Revitalisierung zunächst zerschlugen.[53] Da in der Folge selbst die notwendigsten Instandsetzungsarbeiten unterblieben, verfielen das Gotteshaus und seine Ausstattung zusehends. Lediglich der Nitsche-Altar von 1678 wurde abgebaut und in das Bautzener Stadtmuseum gebracht.

Erst das 400-jährige Jubiläum der Gründung des Taucherfriedhofs lenkte 1923 wieder größere Aufmerksamkeit auf die vernachlässigte Kirche. Fotos aus der Zeit zeigen den schlimmen Zustand des Innenraums, in dem Efeuranken durch die Fenster wuchsen, das Gestühl vollständig verschwunden und der Fußboden mit alten Grabsteinen und Baumaterialien bedeckt war (Abb. 12). Nachdem die finanziellen Turbulenzen der Inflationszeit überwunden schienen, begann der Kirchenvorstand von St. Petri mit konkreteren Planungen für eine Sanierung der Außenhülle der Taucherkirche, mit der der Bautzener Architekt Viktor Neumann und der Baumeister Emil Leupold beauftragt wurden. Der deso-

12 Zustand der Taucherkirche vor der Restaurierung von 1926

late Zustand erforderte zudem eine vollständige Erneuerung des Kircheninneren. Da die dafür beim Dresdener Landesamt für Denkmalpflege eingereichten Entwürfe durchfielen, zog Landeskonservator Walter Bachmann den Dresdener Architekten Oswin Hempel hinzu. Als Professor an der Technischen Hochschule Dresden und durch seine zahlreichen Bauten zählte er zur den profiliertesten Vertretern der modernen Architektur in Sachsen.[54] Er gestaltete die Westseite der Taucherkirche zum neuen Haupteingang um, eine Idee, die bereits Woldemar Kandler um 1900 vorgeschlagen hatte (Abb. 13). Dafür entstand ein neues Portal in gotisierender Form, zu dessen Seiten jeweils zwei schmale Fenster mit

13 Westgiebel der Taucherkirche, 1926 neu gestaltet nach einem Entwurf von Oswin Hempel

dreiecksförmigem Abschluss angeordnet sind. Den hohen Westgiebel ließ Hempel ebenfalls mit sehr schmalen Fensteröffnungen gliedern. Alle diese Elemente finden sich ebenso an Hempels etwa zeitgleich entstandenen Neubau der Apostelkirche in Dresden-Trachau.

Um auf die vielhundertjährige Tradition der Taucherkirche hinzuweisen, ließ der Architekt einen barocken Grabstein über dem neuen Hauptportal in die Giebelwand einmauern. Lediglich die vorgesehene Anlage eines Platzes vor der neu gestalteten Fassade konnte wegen fehlender Finanzmittel nicht realisiert werden.[55] Noch weitere bauliche Veränderungen am Äußeren der Taucherkirche gehen auf die Sanierung der 1920er Jahre zurück, wie die neue Nordvorhalle (Abb. 14). An ihr platzierte Hempel zwei heute nicht mehr vorhandene als Reliefs ausgeführte Engelsfiguren des Dresdener Bildhauers Kurt Dämmig sowie an der Vortreppe zwei Grabdenkmäler des ausgehenden 18. Jahrhunderts. Auch das renaissancezeitliche Südportal wurde mit Mitteln des Landesamtes für Denkmalpflege restauriert. Da es seine Funktion als Haupteingang an das neue Westportal verloren hatte, fiel jedoch gleichzeitig die Entscheidung, es zuzumauern und in der inneren Portalnische die barocken Grabmäler des Ratsbaumeisters Martin Pötzsch und seiner Gemahlin Dorothea aufzustellen (heute in der Nordwestvorhalle von St. Petri).

Unter Hempels Regie erhielt die Taucherkirche zum nunmehr sechsten Mal in ihrer Geschichte auch eine neue

14 Nordvorhalle der Taucherkirche, neu errichtet 1926

15 Neue West-
empore der
Taucherkirche mit
der umgestalteten
Orgel aus dem
Landständischen
Seminar, nach
1926

Innenausstattung.[56] Auf der neuen Westempore fand nun erstmals eine Orgel ihren Platz (Abb. 15). Das Instrument, ein Werk des Bautzener Orgelbaumeisters Leopold Kohl aus dem Jahr 1857, hatte die Kirchgemeinde St. Petri aus der Aula des Landständischen Seminars in Bautzen ankaufen können. Allerdings erfuhr ihr Prospekt eine vollkommene Neugestaltung in modernen Formen durch den Bautzener Orgelbaumeister Walter Thurau.[57] Außerdem ließ das Landesamt einige wertvolle Grabdenkmäler des 17. und 18. Jahrhunderts vom Taucherfriedhof in die Kirche versetzen, um sie vor dem Verfall zu bewahren, so die Grabsteine der Bürgerswitwe Anna Schlenkricht, des Bautzener Kaufmanns Johann Georg Benada sen., der Kaufleute und Ratsherren Hans Jacob und Johann Georg Benada jun., des Pastors primarius Heinrich Basilius Zeidler sowie des Bürgermeisters Andreas Rietschier.[58] Schließlich erhielt die Kirche ein neues Gestühl, wofür das in der etwa gleichzeitig restaurierten Kirche von Wehrsdorf als Vorbild diente.[59] Einen kräftigen Akzent setzte die neue Ausmalung, bei der die Decke in einem lichten Blauton, die Wände in einem hellen Rosa und das Gestühl in einem dunklen Ocker gehalten waren. Zusätzlich verliehen Deckenmalereien in Art-déco-Formen, ausgeführt nach Entwürfen Oswin Hempels vom Dresdener Maler Richard Morgenthal[60], sowie moderne Glasleuchten dem Raum eine zeitgenössische Note.

Der Chor der Taucherkirche erfuhr ebenfalls eine gründliche Neugestaltung (Abb. 16). So erhielt die Ratsloge durch

den Bau von drei Arkadenbögen ein veränderteres Aussehen. Die blau-schwarz gestalteten Felder ihrer hölzernen Brüstung wurden mit den geschnitzten Symbolen der christlichen Tugenden verziert. Nach einer gründlichen Restaurierung in der Werkstatt des Landesamtes für Denkmalpflege kehrte der Nitsche-Altar von 1678 in die Taucherkirche zurück und fand an der Nordostseite des Chorraums seinen Platz.[61] Die an dieser Stelle zuvor eher provisorisch installierte Kanzel, deren Entstehungszeit nicht sicher belegt werden kann, wurde wieder an ihrem früheren Platz an der Nordwand aufgestellt.

Die Reaktivierung des alten Kanzelstandorts zog eine tiefgreifende Veränderung des Kanzelaltars nach sich. Da die an ihm angebrachte zweite Kanzel nun nicht mehr benötigt wurde, erfolgte ihr Abbruch. Das Landesamt für Denkmalpflege ließ den restlichen Altar anschließend umfassend restaurieren und beauftragte den Dresdener Holzbildhauer Alwin Dosse, verlorene Schnitzereien zu ergänzen sowie den gesamten oberen Abschluss neu zu gestalten.[62] Durch Vermittlung von Landeskonservator Walter Bachmann bekam das Retabel als neue Bekrönung zwei vergoldete Engelsfiguren, die ursprünglich von der bedeutenden Orgel der Dresdener Schlosskapelle stammen.[63] Weiterhin wurde das ehemals über der Kanzeltür angebrachte Oval mit Strahlenkranz auf gelbem Glasgrund in den neu gestalteten Aufsatz integriert.

Für die große Öffnung, die nach der Entfernung des Kanzelkorbs in der Mitte des Retabels klaffte, beschlossen das

17 Sascha Schneider, Entwurf für das Altargemälde „Christi Himmelfahrt" für die Taucherkirche, 1926 (links)

18 Altar der Taucherkirche nach der Umgestaltung von 1926 (rechts)

Landesamt und der Kirchenvorstand ein neues Altarbild mit der Darstellung der Himmelfahrt Christi anfertigen zu lassen. Der für die Finanzierung des neuen Gemäldes zuständige Verein für kirchliche Kunst Sachsen beauftragte damit auf Vermittlung des Dresdener Professors Paul Rößler den namhaften Maler Sascha Schneider. Dieser war durch seine symbolistischen Werke und Illustrationen für die Buchtitel des mit ihm befreundeten Schriftstellers Karl May bekannt.[64] Die seinem Altargemälde vorausgegangene Entwurfszeichnung befindet sich heute im Kupferstichkabinett der Staatlichen Kunstsammlungen Dresden (Abb. 17).[65] Als im November 1926 der Vorsitzende des Kirchenvorstands von St. Petri, Woldemar Graf Vitzthum von Eckstädt, und der Bautzener Stadtbaurat Alfred Göhre Schneiders Bild in der Taucherkirche abnahmen, schwärmten sie: „Die Composition paßt sich dem zwangsläufig vorhandenen, sehr schmalen und hohen Bildraume außerordentlich geschickt ein, so daß die Bildfläche viel breiter wirkt, als sie in Wirklichkeit ist. Auch farbig ist die Composition sehr glücklich gelöst, in bester Uebereinstimmung mit den Farben des Altars, wie auch der umgebenden Flächen."[66] Das Gemälde wurde schließlich im Januar 1927 feierlich enthüllt. Die „Dresdner Neuesten Nachrichten" urteilten, Schneider lasse „den Körper des Auferstehenden steil emporsteigen, als trage ihn ein Sturm mit magischer Gewalt aus dem Grabe in die Höhe. Sein Mantel bauscht sich; die Arme liegen fest am Körper an. Schneider nahm kühle, lichte Farben für das Werk, die den Ausdruck des Visionären steigern."[67] Das Altarbild für die Taucherkirche sollte eines seiner letzten Werke bleiben, da der Maler bereits im August 1927 verstarb (Abb. 18).

Noch vor Abschluss der Erneuerungsarbeiten wurde die Taucherkirche am Sonntag, dem 29. August 1926, feierlich wieder eingeweiht.[68] Ihr Innenraum präsentierte sich nun als eine Mischung aus historischen Ausstattungsstücken und modernen Gestaltungselementen. Bautzener Unternehmer hatten an der Realisierung einen nicht unbedeutenden Anteil, wie Pfarrer Gottfried Große anlässlich der Einweihung betonte.[69] So stiftete die Firma Löhnert & Rötschke das Türblatt für das neu gestaltete Nordportal und Glasermeister Ernst Herzog die Kunstverglasung für das Fenster in der neuen Nordvorhalle (1945 zerstört). Umfangreiche private Stiftungen erhielt die Kirche zudem an liturgischem Gerät und Ausstattungsstücken für den Altar, wie das vom Bautzener Stadtrat Otto Bulnheim geschenkte Altarkreuz, das der Dresdner Bildhauer und Direktor der dortigen Kunstgewerbeschule Karl Groß schuf (heute verschollen).[70] „All diese Gaben, wie die weiteren zahlreichen Geschenke für die Kirche sind ein Beweis dafür, daß der Erneuerungsbau der Taucherkirche, gegen den sich erst so manche Stimme in der Gemeinde erhoben, doch bei sehr vielen dankbare Freude ausgelöst hat."[71] Zurecht konnten die Kirchgemeinde St. Petri und die gesamte Stadt Bautzen auf das Ergebnis stolz sein, besaß man doch nun ein künstlerisch bedeutendes Kircheninterieur, an dem namhafte Vertreter der Moderne in Sachsen mitgewirkt hatten.

Die Kämpfe um Bautzen kurz vor Ende des Zweiten Weltkriegs verursachten auch an der Taucherkirche schwere Schäden. Alle Fensterscheiben gingen zu Bruch, und das Dach wurde an mehreren Stellen durch Beschuss zerstört. Dadurch drang ungehindert Wasser in das Gebäude ein, was vor allem an der Decke weitere Schäden verursachte. Da auch die anderen Bautzener Gotteshäuser stark in Mitleidenschaft gezogen worden waren, konnte die Kirchgemeinde St. Petri erst zu Beginn der 1950er Jahre an eine Instandsetzung der Taucherkirche denken.

Zum nunmehr siebenten Mal in ihrer Geschichte erhielt sie eine neue Ausstattung, in die vorhandene historische Stücke integriert wurden. Wie bereits in den 1920er Jahren erfolgte diese Neugestaltung in enger Abstimmung zwischen dem Kirchgemeindevorstand und dem Institut für Denk-

malpflege in Dresden. Doch auf beiden Seiten hatte sich der Zeitgeschmack inzwischen so sehr verändert, dass eine Wiederherstellung des von Oswin Hempel geschaffenen modernen Raumbilds, das inzwischen als zu kühl und zu sachlich empfunden wurde, nicht mehr in Betracht kam. Stattdessen erschien es Superintendent Rudolf Busch angemessener, dem Innenraum „eine ansprechende und warme Wirkung zu geben, die die Gemeindearbeit nicht erschwert, sondern die Gemeinde dort heimisch werden lässt".[72] Unter anderem durch eine Bemalung der Decke mit illusionistischen Kassetten, die der Bautzener Maler Alfred Herzog ausführen sollte, und die Anbringung von Scheinbalken sollte die Kirche „einen weniger kühlen als dörflich volksnahen Charakter" erhalten. In diesen Worten klingt die Sehnsucht nach einer heilen, übersichtlichen Welt an, die wohl aus den immensen Zerstörungen und der Trostlosigkeit der Nachkriegsjahre resultierte. Um diese Sehnsucht zu stillen, schien ein Wiederaufgreifen der modernen Formen der 1920er Jahre ungeeignet. Vonseiten des Landesamtes wurde diese Haltung ebenfalls befürwortet, wenngleich sich die Behörde und der Kirchenvorstand in den Einzelformen zunächst noch uneins waren. Entgegen dem an eine Dorfkirche erinnernden Raumeindruck schlug Landeskonservator Hans Nadler vor, das Interieur ausgehend vom vorhandenen Kanzelaltar in den schlichten Formen des Klassizismus der Zeit um 1800 auszugestalten. Mit den entsprechenden Entwurfsarbeiten wurde der Bautzener Architekt Ernst Hans Hentschke be-

traut, der zur gleichen Zeit die Restaurierung des evangelischen Teils des Petridoms leitete.[73] In enger Abstimmung mit seinen Auftraggebern entwarf er das im Wesentlichen bis heute vorhandene Interieur, das älter aussieht, als es tatsächlich ist.

Mit einem für die Nachkriegszeit erstaunlichen Aufwand gingen der Kirchenvorstand und das Landesamt daran, dem Innenraum einen anderen Charakter zu geben. So erhielt die Orgel einen völlig neuen, an ihr Erscheinungsbild des 19. Jahrhunderts erinnernden Prospekt nach Entwürfen Hentschkes und der Bautzener Werkstatt Hermann Eule (Abb. 19).[74] Weiterhin wurde die Wirkung von Oswin Hempels Orgelempore reduziert und auf der Südseite eine zweite Empore ergänzt. Das darunter gelegene, 1926 zugemauerte Portal wurde wieder geöffnet und mit einem verglasten Windfang ausgestattet. Eine vollkommen neue Gestaltung erfuhr zudem die Ratsloge, bei der die unter Hempel aufgemauerten Arkadenbögen wieder abgebrochen und stattdessen eine von Hentschke entworfene Verglasung mit Schiebefenstern nach Vorbild von Logen des 18. Jahrhunderts neu entstand.

Des Weiteren sollte das Altarretabel sein ursprüngliches Aussehen wiedererhalten, wofür der Kirchenvorstand und die Denkmalpflege das Gemälde von Sascha Schneider entfernen ließen, das seitdem als verschollen gilt.[75] Stattdessen entwarf Hentschke anhand von historischen Fotografien einen neuen Kanzelkorb.[76] Zusätzlich erhielt der Chorbereich

21 Gemälde
mit Darstellung
des Jüngsten
Gerichts aus
dem Bautzener
Rathaus, un-
bekannter Maler,
17. Jahrhundert

ein neues Taufbecken sowie ein Lesepult in den Formen der
Zeit um 1800, die das angestrebte historisierende Raumbild
komplettierten (Abb. 20). Statt der Farbfassungen Oswin
Hempels wurden Wände, Decke, Emporen und Gestühl nun
mit einem einheitlich weißen Anstrich versehen, was der
Taucherkirche die Anmutung eines Betsaals der Herrnhuter
Brüdergemeine verleiht.

Nur wenige Elemente der modernen Ausstattung von
1926 überstanden diese gründliche Umgestaltung. Sie finden sich heute vor allem noch in Form von originalen Tür-
beschlägen und kleineren Zierelementen, wie den Schnitzereien an der Brüstung der Ratsloge oder den Liedtafeln.
Vermutlich ebenfalls in den 1950er Jahren gelangte das über
dem Nordportal angebrachte großformatige Gemälde mit
der Darstellung des Jüngsten Gerichts in die Taucherkirche
(Abb. 21). Auch wenn es so scheint, als wäre es für die dortige
Wandnische geschaffen worden und es im frühen 17. Jahrhundert bereits ein Deckengemälde des Jüngsten Gerichts in
dem Gotteshaus gab, so stammt dieses Bild ursprünglich aus
dem Bautzener Rathaus. Dort befand es sich früher in der
Ratskanzlei und sollte die Ratsherren stets daran erinnern,
dass sie sich nach ihrem Tod vor einem höheren Richter für
ihr Handeln zu verantworten hatten.[77] Seit 1958 erhielt auch
die Glocke der Taucherkirche eine neue Aufgabe.[78] Ihr Läuten gedenkt seitdem der Kriegstoten, worauf eine Steinplatte
an der Südfassade hinweist.

Da Baumaterialien in der DDR zunehmend für das staatliche Wohnungsbauprogramm rationiert waren, fiel es der Kirchgemeinde immer schwerer, die notwendigen Reparaturen an der Taucherkirche durchführen zu lassen. Schäden am Dach und an den Außenwänden beeinträchtigten bald wieder den Innenraum, der immer seltener genutzt wurde. In den 1980er Jahren diente er als Baustofflager für den Neubau des Kirchgemeindezentrums in Bautzen-Gesundbrunnen. Erst das bevorstehende 400-jährige Jubiläum des Gotteshauses rückte die Taucherkirche wieder stärker ins Bewusstsein der Bautzener Öffentlichkeit, wofür sich vor allem die Lehrerin und Bautzener Ehrenbürgerin Helga Schwarz engagierte. Sie gehörte 1997 zu den Mitgründern der Stiftung Taucherkirche, deren Ziel die Restaurierung und Revitalisierung des Gebäudes war. Bis 2007 konnte das Äußere und Innere umfassend saniert und restauriert werden, so dass das Gotteshaus seitdem wieder seiner eigentlichen Bestimmung entsprechend als Begräbniskirche, aber auch als Ort für Konzerte genutzt werden kann.[79] Zwei unter der Orgelempore angebrachte Stiftertafeln erinnern an die zahlreichen Unterstützerinnen und Unterstützer der Wiederherstellung. Heute präsentiert sich die Taucherkirche in einem guten baulichen Zustand. Ihr im Lauf der Jahrhunderte immer wieder verändertes Interieur, das Ausstattungsstücke aus verschiedenen Epochen umfasst und zu allen Zeiten auf Zuwendungen von Bautzener Bürgerinnen und Bürgern angewiesen war, spiegelt nicht nur ihre lange Geschichte, sondern ebenso den jeweiligen Zeitgeschmack wider.

DAS TAUCHERHOSPITAL

Hospitäler waren in früheren Jahrhunderten soziale Einrichtungen, die verschiedene Aufgaben für eine Stadtgemeinschaft erfüllten. Arme und Kranke, Alte und Versehrte lebten in ihnen als christliche Hausgemeinschaft zusammen und wurden von eigenen Geistlichen in der zum Hospital gehörenden Kirche betreut.[80] Daher verdanken eine Reihe von Gotteshäusern ihre Existenz dem Vorhandensein eines Hospitals. Die Verbindung von Hospitalwesen und christlichem Glauben blieb auch nach der Reformation bestehen, erfuhr durch die von Martin Luther erneuerte Idee der Sozialfürsorge sogar noch eine Stärkung.[81]

Auch in Bautzen gab es seit dem Mittelalter mehrere Hospitäler. Die ältesten waren das außerhalb der Stadt an der Spree gelegene Heilig-Geist-Hospital[82] (erstmals im Jahr 1293 erwähnt) sowie das in der Vorstadt an der Steinstraße befindliche Maria-Martha-Hospital (1428 erstmals erwähnt).[83] In den frühen 1580er Jahren kam das Neuhaus an der heutigen Behringstraße als Krankenhaus zur Isolation von Pestkranken hinzu, zu dem jedoch keine eigene Kirche gehörte.[84]

Im Jahr 1587 ließ der Rat zusätzlich das Taucherhospital neu errichten. Sein Ursprung liegt in einem älteren Hospitalgebäude, das sich am Schulgraben gegenüber der Schulbastei, ungefähr am Standort des heutigen Kornmarkthauses befand. Vermutlich hatte es zur Pflege von erkrankten und verarmten Handwerkern gedient, denn das Taucherhospital führte diese Funktion noch einige Zeit fort, weswegen sich die Bautzener Handwerksinnungen wesentlich an seinen Baukosten beteiligten.[85] Zunächst trug es noch nicht den Namen „Taucherhospital", sondern wurde nach dem armen Lazarus benannt, einer Figur aus dem Lukasevangelium, die traditionell als Sinnbild für den hilfsbedürftigen Mensch gilt, dem die christliche Nächstenliebe zukommen sollte.[86] Ein Gemälde des armen Lazarus zierte daher auch die Außenseite des Hospitalgebäudes.[87]

Die älteste Darstellung des Taucherhospitals findet sich auf der Stadtansicht von Matthäus Crocinus, die Bautzen vor dem großen Stadtbrand von 1634 zeigt und wo es als zweistöckiges Haus abgebildet ist, dessen Längsseite der Löbauer Straße zugewandt war (Abb. 5). In den späten 1590er Jahren wurde, wie oben bereits beschrieben, der Neubau der Taucherkirche unmittelbar an das Hospital angefügt, so dass beide fortan eine bauliche Einheit bildeten. Dadurch erhielt die Taucherkirche auch eine zusätzliche Funktion und war nicht mehr nur eine Begräbnis-, sondern zugleich eine Hospitalkirche, in der regelmäßig Gottesdienste für die Hospitalinsassen stattfanden. Für ihre Versorgung gab es nördlich an das Gebäude angrenzend einen großen Garten. In dieser Anlage blieb das Taucherhospital, auch wenn es mehrfach durch

23 Ansicht des Taucherhospitals vor dem Abriss, um 1895; die Mauer im Vordergrund umschloss den Hospitalgarten

Kriegshandlungen schwer beschädigt wurde, über Jahrhunderte im Wesentlichen unverändert (Abb. 22 und 23)

Die Verwaltung des Lazarus- bzw. Taucherhospitals lag seit seiner Gründung in den Händen des Bautzener Rates. Als eigenständige Institution verzeichnete es jährliche Einnahmen und Ausgaben, die durch Rechnungsbücher im Stadtarchiv belegt sind.[88] Wenn die Hospitalkasse über ausreichend Bargeldvorräte verfügte, konnte sie auch als Kreditgeber für verschiedenste Zwecke in Erscheinung treten, z. B. für Handwerker aus Bautzen und Umgebung, die unverschuldet in Armut geraten waren.[89] Zusätzlich zu der von einem Ratsmitglied verwalteten Hospitalkasse gab es eine Verwalterin, die den Betrieb und das Miteinander der Bewohnerschaft organisierte.

Während des Dreißigjährigen Krieges brannte das Taucherhospital im Herbst 1620 nieder und musste unter hohen Kosten 1624/25 wieder instand gesetzt werden. Doch die Beschädigungen stellten nicht die einzige Herausforderung dar, der sich das Hospital in dieser Kriegszeit gegenübersah. Da nach dem verheerenden Brand von 1634 die gesamte Stadt in Trümmern lag und viele Bürgerinnen und Bürger völlig verarmt waren, stand das Hospital vor übermäßig großen Aufgaben. Gleichzeitig fehlten wichtige Einnahmen aus Zinsen, Stiftungen und Spenden. Es dauerte Jahrzehnte, bevor sich die finanzielle Situation wieder verbesserte. Gleichzeitig veränderte sich nach dem Dreißigjährigen Krieg die Funktion dieser Einrichtung, in der fortan nicht mehr verarmte und kranke Handwerker eine Unterkunft fanden, sondern vor allem Witwen von Bautzener Bürgern.

Jede der elf, später bis zu 15 Frauen musste bei Eintritt in das Hospital eine Aufnahmegebühr bezahlen, und ihre Hinterlassenschaften fielen meist der Hospitalkasse zu. Eine weitere Möglichkeit, um Einnahmen zu generieren, bot eine vor dem Haus auf der Straße aufgestellte Spendenbüchse, die als Lazarusbüchse bezeichnet wurde.[90] Vor allem aber finanzierte sich das Hospital durch Donationen aus der Bautzener Bürgerschaft, von denen einige der wichtigsten hier erwähnt seien: So vermachte der 1650 verstorbene Bautzener Arzt und Ratsherr Dr. Gregorius Mättig dem Hospital testamentarisch die Summe von 100 Reichstalern, die als Kapital auf ein Haus an den Fleischbänken verschrieben waren.[91] Von den Zinsen sollten die jeweiligen Besitzer des Hauses viermal jährlich zu hohen kirchlichen Festtagen den Bewohnerinnen des Hospitals Wein und Semmeln darreichen. Mättig ergänzte sein Testament sogar nochmals um eine gleiche Summe, von deren Zinsen zusätzlich noch Weißbrot und Bier bezahlt werden sollten. Eine ähnliche Regelung hinterließ der Kaufmann Karl Friedrich Jenchen 1814, indem er 300 Reichstaler stiftete, deren Zinsen den Bewohnerinnen alljährlich nach einem Gottesdienst am Ostermontag auszuzahlen waren.[92] Außerdem besaß das Hospital gutsherrschaftliche Rechte über einen Teil des Dorfes Nimschütz und bezog von dort über lange Zeit sowohl Gelder als auch Naturalien. Aus diesen Mitteln bestritt es die Ausgaben für den täglichen Bedarf der Bewohnerinnen, für ärztliche Behandlungen, für Beerdigungen sowie für den Unterhalt des Gebäudes. Allerdings musste es in Zeiten knapper kommunaler Kassen auch immer wieder Kosten decken, die eigentlich nicht seinen Aufgaben entsprachen, wie Gehaltszulagen für den Kaplan der Michaeliskirche, den Rektor des Gymnasiums oder den Stadtarzt.[93]

In Notzeiten wie den Napoleonischen Kriegen war die Hospitalkasse so übermäßig belastet, dass sie selbst finanzieller Unterstützung vom Bautzener Rat bedurfte. Während der Schlacht bei Bautzen 1813 mussten die Bewohnerinnen das Hospital verlassen. Biwakierende Soldaten rissen alle hölzernen Einbauten und große Teile des Daches für ihre Lagerfeuer ab.[94] Da das Geld für die Wiederherstellung des verwüsteten Gebäudes zunächst fehlte, wurden die Bewohnerinnen auf verschiedene Privathäuser in Bautzen gegen Zahlung eines Logisgeldes verteilt und konnten erst im Herbst 1821 wieder ins Taucherhospital zurückkehren.[95]

Seit den 1880er Jahren verschlechterte sich der bauliche Zustand des Gebäudes und der anderen Bautzener Hospitäler immer mehr. Vermutlich unterließ der Rat zunehmend selbst notwendige Instandsetzungen, da die Altbauten angesichts sich wandelnder Hygienevorstellungen als unmodern galten und durch ein neues Hospitalgebäude ersetzt werden sollten. Nach verschiedenen Vorplanungen realisierte der Bautzener Rat diese Idee schließlich ab 1895. Westlich des Taucherhospitals an der Ecke von Löbauer Straße und Ziegelwall entstand innerhalb von zwei Jahren das neue Frauenhospital nach Plänen des Stadtbaudirektors Richard Baumgärtel.[96] Es ersetzte die alten Gebäude des Taucher-, des Maria-Martha- und des Heilig-Geist-Hospitals. Mit der Ausführung hatte der Rat den Bauunternehmer Robert Scheibe beauftragt, der den Neubau im Herbst 1896 übergeben konnte. Entstanden war ein repräsentatives dreistöckiges Backsteingebäude mit 64 Einzelwohnzimmern, Gemeinschaftsküchen und Bädern, Krankenzimmern sowie einem Betsaal (Abb. 24). Durch Letztgenannten verlor die Taucherkirche ihre bisherige Funktion als Hospitalkirche.

Ähnlich wie die Vorgängereinrichtung bildete auch das neue Frauenhospital eine selbstständige Institution mit entsprechender Verwaltung und Kasse.[97] Nachdem die Bewohnerinnen umgezogen waren, wurde das alte Gebäude im Frühjahr 1897 abgebrochen. Zwei Jahre später ließ der Rat an das Frauenhospital noch ein neues Männerhospital anfügen, das als eigenständiger Flügel entlang des Ziegelwalls entstand.[98] Doch beide Gebäude hatten nicht lange Bestand. Während der Kämpfe um Bautzen am Ende des Zweiten Weltkriegs brannten sie aus; ihre Ruinen wurden nach Kriegsende abgerissen und stattdessen in den 1950er Jahren der Neubau der Ingenieurschule (heute Studienakademie) errichtet.

DER TAUCHERFRIEDHOF
VOM 17. BIS ZUM 20. JAHRHUNDERT

Seit seiner Anlage 1523 erfuhr der Taucherfriedhof mehrere Umgestaltungen und Erweiterungen. Zu seinen ältesten Bestandteilen gehört das Beinhaus (Abb. 25). Es entstand 1558 unter der Aufsicht des Ratsbaumeisters Wenzel Röhrscheidt d. Ä. anstelle der Marienwallfahrtskapelle, die der Rat 1523 aus dem Taucherwald auf den neuen Gottesacker versetzen lassen hatte und die 1550 durch einen Sturm zerstört worden war.[99] Das sechseckige Gebäude ist in seinen Umfassungsmauern bis heute erhalten. Hatte es zunächst zur Aufbewahrung von Gebeinen gedient, die beim Ausheben neuer Gräber gefunden worden waren, so ließen namhafte Bautzener Familien später am und im Beinhaus ihre Erbbegräbnisse anlegen. Für diese Funktion sind seine Außenwände mit Bögen gestaltet, in denen Grabsteine aufgestellt werden konnten. Einige der ältesten Grabdenkmäler des Taucherfriedhofs sind heute hier zu finden, die – auch wenn sie erst im

25 Beinhaus des Taucherfriedhofs, errichtet 1558 (heute Urnenkapelle)

20. Jahrhundert hierher versetzt wurden – einen Eindruck von der früheren Nutzung geben.[100]

Nach der Fertigstellung des Beinhauses ließ Wenzel Röhrscheidt d. Ä. an ihm auch ein steinernes Kruzifix aufstellen, das jedoch schon einige Jahre später von einem Sturm umgeworfen und dadurch zerstört wurde.[101]

Um den neu angelegten Gottesacker von seiner Umgebung abzugrenzen, ließ der Rat ihn mit einer 1585 fertiggestellten Mauer einfrieden.[102] Im ersten Jahrhundert seines Bestehens wurde er auch noch nicht auf seiner gesamten Fläche für Grabstätten genutzt. Noch immer gab es zwei kleine Steinbrüche auf dem Gelände, die vor allem Mauersteine für die städtischen Bauten lieferten. Während der Pestepidemie von 1568 diente einer dieser Brüche als Massengrab, in dem etwa 1.500 Tote ihre letzte Ruhestätte fanden.[103] Auch für andere Vorhaben wurde das Friedhofgelände zu dieser Zeit noch genutzt: Als 1597 die große Glocke für die Hauptkirche St. Petri durch die aus Magdeburg stammenden Glockengießer Urban Schober und Peter Hagemann neu gegossen werden sollte, fand dies auf dem Taucherfriedhof statt. Denn die immensen Dimensionen der zukünftigen Glocke erlaubten es nur an dieser Stelle, eine entsprechend große Gießgrube auszuheben.[104]

Bereits gegen Ende des 16. Jahrhunderts erwies sich der Taucherfriedhof erstmals als zu klein. Daher kaufte der Rat vom Bürger Melchior Stoß ein nördlich angrenzendes Feld und ließ den Gottesacker um eine Fläche von rund einem Dreiviertelhektar erweitern. Bis zu den großen Erweiterungen des 19. Jahrhunderts hieß dieser Teil der neue Friedhof (jetzt Abteilung 2). Der unmittelbare Auslöser für die erste Erweiterung war eine Typhusepidemie, an der 1597/98 innerhalb weniger Wochen mehr als einhundert Bürgerinnen und Bürger verstarben.[105] Zu den Opfern gehörte auch der Glockengießer Hagemann, der ein Jahr zuvor auf dem Friedhof die neue Glocke für St. Petri gegossen hatte und der nun auf eigenen Wunsch in der Gießgrube, die in der Nähe der später errichteten Francke'schen Gruft gelegen haben soll, seine letzte Ruhestätte fand.[106]

Zu Beginn des 17. Jahrhunderts wurden entlang der Friedhofsmauer Erbbegräbnisse von jeweils gleicher Größe per Los vergeben, was erstmals durch ein Schriftstück aus dem Jahr 1602 dokumentiert ist.[107] Mit Namen wie Schönborn, Peucer, Röhrscheidt oder Rosenhain liest es sich wie ein Verzeichnis der führenden Bautzener Familien. Für sie hatte die Anlage eines Erbbegräbnisses nicht nur religiöse Gründe, sondern war zugleich ein wichtiger Aspekt der familiären Traditionsbildung. Noch zu Lebzeiten schufen sie sich einen Ort, an dem alle nachfolgenden Angehörigen ihre letzte Ruhestätte finden sollten. Um den langfristigen Fortbestand des Erbbegräbnisses abzusichern, gründeten die Besitzer meist eine Stiftung, deren Zweck allein darin bestand, sich um den Unterhalt zu kümmern.[108] Noch bis zum Inflationsjahr 1923, als viele alte Stiftungen ihr Kapital verloren, existierten zahlreiche dieser Einrichtungen, die der Aufsicht des Rates unterstanden. Daher konnte auch nur die Bautzener Stadtregierung über die Auflösung und Neuvergabe eines Erbbegräbnisses entscheiden, wenn z. B. eine Familie ausgestorben war bzw. die Nutzung einer Begräbnisstätte vor längerer Zeit aufgehört hatte.

Wie die Taucherkirche und das -hospital hatte auch der Friedhof während des Dreißigjährigen Krieges unter Zerstörungen zu leiden. Die Truppen des Winterkönigs Friedrich von der Pfalz, die im Herbst 1620 von der Armee des sächsischen Kurfürsten Johann Georg I. in Bautzen belagert wurden, ließen die Friedhofsmauern abbrechen, um den Gegnern keine Deckungsmöglichkeiten zu geben. Erst 1630 konnte die Umfriedung wiederhergestellt werden, wobei auch zahlreiche Erbbegräbnisse neu zu gestalten waren.[109] Noch heute sind einige der alten Familiengrablegen entlang der Außenmauer des alten Friedhofsteils zu finden. Manche

26 Sogenannte Gruftstraße auf dem Taucherfriedhof mit barocken Gruftgebäuden

von ihnen waren im 18. Jahrhundert zu Gruftgebäuden erweitert worden, die die sogenannte Gruftstraße an der östlichen und nördlichen Friedhofsmauer bilden (Abb. 26). Die exklusivste Form der Bestattung war ein frei stehendes Gruftgebäude, wie es der Vize-Landsyndikus Friedrich Gottlob Francke 1748 oder der Kupferhammerbesitzer Christian Gotthelf Tietzen um 1780 errichten ließen.

Im ausgehenden 17. Jahrhundert veröffentlichte der Bautzener Lehrer Johann Christoph Wagner zwei Druckschriften, in denen er lateinische und deutsche Inschriften auf Grabmälern und Epitaphen der Stadt dokumentierte.[110] Sie sind eine wertvolle Quelle für die umfangreichen, heute verlorenen Grabinschriften, die Informationen zur Biografie der Verstorbenen, aber auch zu ihrer individuellen Frömmigkeit enthielten. Da Wagner die Erbbegräbnisse auf dem Taucherfriedhof von der Kirche aus beginnend in ihrer Reihenfolge aufführte, dokumentiert sein Verzeichnis gleichzeitig den Zustand rund einhundert Jahre nach der ersten Verlosung der Grabstellen. Von dieser ersten Vergabe ist heute noch der stark verwitterte Grabstein des 1616 verstorbenen Ratsherrn Andreas Kießling vorhanden, der sich früher an der Westseite der Taucherkirche befand und heute am Beinhaus aufgestellt ist.[111]

Die Bestattungen auf dem Taucherfriedhof führte der vom Rat angestellte Totengräber aus. Er war eine stadtbekannte Person, die wegen ihres Berufs aber kein großes Ansehen genoss. Daher musste der Totengräber zunächst in dem an der heutigen Behringstraße gelegenen Neuhaus, dem 1583/84 errichteten städtischen Pesthaus, wohnen.[112] Erst 1687 erhielt er ein am Ziegeltor gelegenes Wohnhaus zugewiesen. Nachdem dieses beim Stadtbrand von 1709 zerstört worden war, zog er in das Taucherhospital. Doch scheint er den Bewohnerinnen des Hospitals suspekt gewesen zu sein, weswegen der Rat dem Totengräber 1840 schließlich eines der Torhäuser des Äußeren Reichentores als neues Wohnhaus zuwies.[113]

Wie schon im Dreißigjährigen Krieg, so wurde der Taucherfriedhof in den nachfolgenden Jahrhunderten noch mehrfach durch Kämpfe beschädigt. Während des Siebenjährigen Krieges 1756 bis 1763 richteten die preußischen Truppen hier eine Feldbäckerei ein und nutzten die hölzernen Grabkreuze als Brennmaterial.[114] Außerdem schütteten sie entlang der Friedhofsmauer Erdhügel auf, um darauf Ge-

27 Kanonenkugel in der Außenwand eines Gruftgebäudes auf dem Taucherfriedhof, Erinnerung an die Kämpfe vom 20. und 21. Mai 1813

schütze aufzustellen, wovon noch um 1900 Spuren an der südöstlichen Ecke der Friedhofsmauer sichtbar gewesen sein sollen.[115] Auch während der Napoleonischen Kriege wurde das Friedhofsgelände vom Militär requiriert. So lagerten die preußischen Truppen in den Wochen vor der Schlacht von Bautzen 1813 dort ihre Pulvervorräte und nutzen die Gruftgebäude zum Befüllen von Patronen. Die frei stehende Francke'sche Gruft diente ihnen als Wachtstube. Deswegen musste in diesem Jahr die von Friedrich Gottlob Francke testamentarisch verfügte Erinnerungsfeier ausfallen, die jeweils am Dienstag nach Pfingsten stattfand und Musik sowie eine Rede im Obergeschoss des Grufthauses umfasste.[116] Während der Schlacht am 20. und 21. Mai war das Friedhofsgelände direkt von den Kampfhandlungen betroffen, woran nicht nur die Geschichte vom tragischen Tod des Leutnants Ernst Konrad von Stoffregen erinnert, sondern auch eine Kanonenkugel in der Wand eines Gruftgebäudes der nördlichen Gruftstraße (Abb. 27).

Seit der ersten Hälfte des 19. Jahrhunderts hielten verschiedene Neuerungen auf dem Taucherfriedhof Einzug. So führte die immer üppiger werdende Grabbepflanzung, die dem Gottesacker zunehmend ein gartenartiges Aussehen gab, zu einem Problem, das in den drei Jahrhunderten seines Bestehens noch nicht aufgetreten war: Zum Gießen von Bepflanzungen hatte man bisher das Wasser genutzt, das sich in einem Steinbruchrestloch auf dem neuen Teil des Taucherfriedhofs sammelte.[117] Als dieses jedoch im trockenen Sommer 1842 versiegte und auch die nächstgelegenen Brunnen und Röhrkästen der städtischen Wasserleitung auf dem Holzmarkt und am Ziegeltor den Wasserbedarf nicht mehr decken konnten, bedurfte es eines eigenen Brunnens auf dem Friedhof. Der Rat ließ ihn von einem Salzenforster Brunnenbauer rund neun Meter tief in den Fels sprengen und mit einer Wasserpumpe ausstatten.[118]

Da es immer wieder vorkam, dass Friedhofsbesucher den Ruf des Totengräbers, der das abendliche Verschließen der Tore verkündete, nicht hörten und auf dem Friedhof eingeschlossen wurden, fasste der Rat 1847 den Entschluss, eine

28 Eingangstor des Taucherfriedhofs an der Löbauer Straße, errichtet 1867

Glocke aufzustellen.[119] Die in der Bautzener Maschinenbaufabrik Petzold & Centner gegossene Glocke, die in einem Holzgestell am wenige Jahre zuvor angelegten Brunnen ihren Standort hatte, musste der Friedhofsverwalter fortan vor dem Verschließen der Tore laut hörbar läuten. Im Jahr 1867 wurde schließlich das Haupttor an der Löbauer Straße errichtet, das bis heute besteht.[120] Sein in klassischen Formen einer dorischen Pilasterordnung ausgeführter Bogen trägt am Fries das Christuswort „Friede sei mit Euch" (Abb. 28). Seitdem fuhren die Leichenwagen nicht mehr durch die Taucherkirche, sondern durch das neue Tor auf den Friedhof.

Die in der ersten Hälfte des 19. Jahrhunderts stetig wachsende Bevölkerungszahl Bautzens ließ den Platz für neue Grabstätten auf dem Taucherfriedhof zunehmend knapp werden. Der Rat reagierte darauf seit den 1840er Jahren mit unterschiedlichen Maßnahmen. Nachdem die Kritik aufgekommen war, dass der Taucherfriedhof eher „eine Baum- und Strauchschule, als ein Ruheort" sei, da verwilderte Bepflanzungen zahlreiche Grabstätten völlig bedeckten, ließ die Stadtregierung zunächst diesen Zustand beheben.[121] Vor allem Rosenbüsche wurden entfernt und die darunter verborgenen alten Grabstellen freigelegt.

Gleichzeitig entstand eine lebhafte Diskussion über die Frage, ob alte Grabsteine beseitigt werden sollten oder nicht. Der Ratsherr Karl Albert Heßler führte aus, dass das sächsische Kirchenrecht es gestatte, Begräbnisse, die seit mehr als einhundert Jahren nicht mehr belegt worden seien, einzuziehen und neu zu vergeben.[122] Während ein Teil der Ratsmitglieder seiner Meinung folgte, um Platz für neue Grabstellen zu schaffen, empfand ein anderer Teil dies als Frevel an den Vorfahren, da wertvolle Erinnerungsstätten vernichtet würden. Im Auftrag des Rates fertigte der Totengräber Menzel ein Verzeichnis aller Grabsteine auf dem Taucherfriedhof an. Nach Durchsicht der darin enthaltenen, mehr als einhundert Jahre bestehenden Begräbnisse verständigten sich die Ratsherren auf eine Auswahl von 115, die vom Friedhof entfernt werden sollten.[123] Diese Auswahl umfasste die Grabdenkmäler von Bürgermeistern und Ratsherren, Kaufleuten und Handwerkern, Geistlichen und Adeligen des 17. und 18. Jahrhunderts, darunter auch die der Bürgermeister Andreas Rietschier, Christian Mantey und Jeremias Behrnauer. Die Partei der Ratsherren, die in ihnen wertvolle historische Zeugnisse erkannte, schlug vor, die Grabsteine an Nachfahren zu übergeben bzw. zu Familiengrablegen umzusetzen. Auch kam die Idee auf, einige entlang der Außenseite der Friedhofsmauer an der Löbauer Straße aufzustellen. Allerdings wurde dieser Vorschlag von der Mehrheit mit der Begründung abgelehnt, dass die Steine außerhalb des Friedhofsgeländes und an der viel frequentierten Straße beschädigt werden könnten. Stattdessen fiel schließlich der Beschluss so aus, dass alle Grabsteine, für die kein Interesse bei Nachfahren mehr bestünde, an Bildhauer und Steinmetze zur Wiederverwendung bzw. als Baumaterial verkauft werden und die Einnahmen der Friedhofskasse zufallen sollten. So geschah es schließlich auch: 1851 veräußerte der Rat eine große Anzahl historischer Grabsteine an die Bautzener Bildhauer und Steinmetze Ernst Schulze, August Benjamin Förster und Karl Friedrich August Santo-Passo.[124] Damit war ein Präzedenzfall geschaffen, der

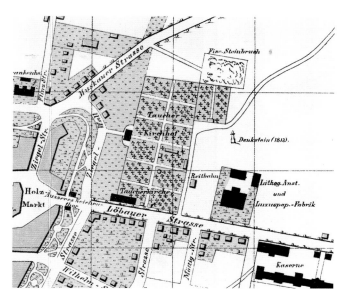

29 Taucher-
friedhof nach
der Erweiterung
von 1875–1877,
Ausschnitt aus
dem Stadtplan
von 1887

in den folgenden Jahrzehnten noch mehrfach als Argumen-
tationsgrundlage für die weitere Beseitigung alter Grabsteine
vom Taucherfriedhof diente. Die Reduzierung der historischen Grabmonumente hatte begonnen und ließ sich angesichts des anhaltenden Platzproblems nicht mehr aufhalten.

Schon in den frühen 1860er Jahren hatte sich die Enge
auf dem Taucherfriedhof erneut so sehr verschärft, dass der
Rat wieder eine Reihe von Grabmälern aus der Zeit vor 1800
entfernen ließ. Diesmal umfasste die Auswahl 86 historische
Grabsteine, von denen nach einigem Hin und Her lediglich
19 erhalten blieben und an andere Stellen versetzt wurden.[125]
Da sich durch das Abräumen der alten Grabstätten der stetig steigende Platzbedarf aber nicht decken ließ, beschloss
die Stadtregierung 1867 noch eine andere Strategie: Mittels
einer Bekanntmachung in den „Budissiner Nachrichten"
informierte sie, dass ab sofort keine neuen Grabsteine und
steinernen Grabeinfassungen auf dem Taucherfriedhof mehr
zugelassen seien.[126] Die Folgen dieser Anordnung sind noch
heute auf dem Friedhof zu finden, denn anstelle neuer Denkmäler wurden die bestehenden weitergenutzt und lediglich
mit neuen Inschriften versehen. Daher sind auf zahlreichen
Grabsteinen der Barockzeit die Namen und Lebensdaten von
Verstorbenen aus der zweiten Hälfte des 19. Jahrhunderts zu
lesen.[127] Doch selbst diese rigorose Maßnahme konnte das

30 Von Linden
gesäumter
Hauptweg des
1875–1877 neu
angelegten Teils
des Taucherfried-
hofs

bestehende Platzproblem nicht lösen; die dringend notwendige Erweiterung des überbelegten Taucherfriedhofs war un-
ausweichlich.

Dieser Schritt, den die Kirchgemeinde St. Petri und der
Rat fast vier Jahrzehnte lang hinausgezögert hatten, erfolgte schließlich in den Jahren 1875 bis 1877.[128] Zum zweiten
Mal seit seiner Anlage 1523 wurden der Taucherfriedhof
vergrößert und dafür rund zweieinhalb Hektar der nördlich angrenzenden Felder und Wiesen erworben (Abb. 29).
Am Totensonntag 1877 konnte der neue Friedhofsteil (jetzt
Abteilung 3) mit einer Predigt und dem Gesang des Inqui-
linerchors des Bautzener Gymnasiums feierlich eingeweiht
werden.[129]

Den damaligen Vorstellungen von einer modernen Fried-
hofsgestaltung entsprechend, wurde der neue Teil streng geometrisch mit rechtwinklig aufeinanderstoßenden Wegen gestaltet und die beiden in Nord-Süd- und Ost-West-Richtung
verlaufenden Hauptachsen mit Linden bepflanzt (Abb. 30).
Nach Norden verlängert, wurde der Hauptweg des alten Teils
auch zu einer Hauptachse des neuen. Da das Geländeniveau
im neuen Friedhofsareal deutlich niedriger als auf dem mehr-
mals aufplanierten alten Teil lag, ist der Hauptweg im Über-
gangsbereich zwischen den beiden Bereichen als ansteigende
Rampe gestaltet. Als Point de vue der Ost-West-Wegeachse
entstand zwischen 1883 und 1885 die neue Trauerhalle, die
der Bautzener Baumeister Richard Seeliger entwarf und aus-
führte (Abb. 31).[130] In Formen der italienischen Renaissance

gestaltet, war sie als modernes Pendant zur Taucherkirche gedacht und führte tatsächlich dazu, dass das Gotteshaus nun kaum noch für Begräbnisfeierlichkeiten genutzt wurde. Westlich von ihr entstand auch ein neuer, dem Ziegelwall zugewandter Haupteingang. Die entlang der Außenmauern des neuen Friedhofsteils sowie an der Trauerhalle angelegten Erbbegräbnisse wurden von der neuen bürgerlichen Oberschicht Bautzens, von Fabrikbesitzern, Hoteliers, Bankiers, Beamten und Lehrern, erworben.

Der stetige Anstieg der Bautzener Bevölkerungszahl – um 1900 waren die Ost- und Westvorstadt als neue Stadtteile entstanden – ließ bereits 1899 eine vierte und 1911 schließlich eine fünfte Erweiterung des Taucherfriedhofs notwendig werden (Abb. 32). Für diese erwarb die Kirchgemeinde erneut Ackerflächen, die östlich an die Erweiterung der 1870er Jahre anschlossen und durch die sich das Friedhofsareal auf mehr als siebeneinhalb Hektar vergrößerte. Die letzte Erweiterung unterscheidet sich dabei in ihrer parkartig aufgelockerten Anlage von den vorherigen als ein typisches Beispiel für die Friedhofskunst der Reformbewegung des frühen 20. Jahrhunderts.[131] Nordwestlich der Taucherkirche entstand im Garten des Frauenhospitals zusätzlich ein neues Gebäude zur Unterbringung der Leichenwagen und anderer Gerätschaften des Totengräbers.[132]

Die drei Erweiterungen verschafften den beiden alten Teilen des Taucherfriedhofs die notwendige Entlastung, um weitere Verluste historischer Grabstätten zu verhindern. Da-

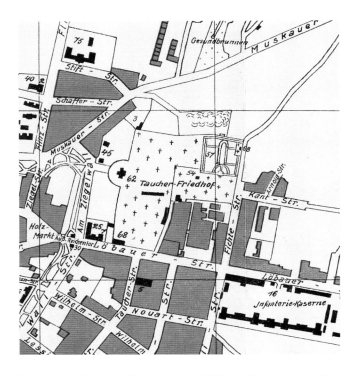

her konnte im Jahr 1901 sogar ein Teil des historischen Gottesackers säkularisiert werden, um dort keine Bestattungen
mehr durchzuführen und ihn in seinem historischen Zustand
zu bewahren (Abb. 33). Der an der Taucherkirche gelegene
Bereich bildet seitdem ein vom übrigen Friedhofsgelände se-
pariertes Flurstück. Auch schaltete sich nun immer häufiger
die 1894 gegründete Königlich Sächsische Kommission zur
Erhaltung der Kunstdenkmäler in die Diskussionen über die
Bewahrung bzw. Aufhebung historischer Grabstätten ein,
was deren Schutz sicherte.[133] Auch der Bautzener Rat nahm
inzwischen überwiegend eine andere Position in dieser Frage
ein. Insbesondere wurde von den Ratsmitgliedern der Erhalt
von Grabstätten verdienter Stifter wie der beiden Bürgermeister Erdmann Gottfried Schneider und Johann Pauli gefordert, „damit solche Wohlthäter niemals in Vergessenheit
kämen".[134] Bürgermeister Konrad Johannes Kaeubler setzte
sich 1898 sogar persönlich für den Erhalt der Grabmäler von
Christian Friedrich Jakob Janus, Karl Gottlob Ruffany und
weiteren bedeutenden Persönlichkeiten ein. Er empfahl dem
Rat, die Gebühren und Unterhaltskosten für diese Grabstät-

ten durch die Stadtkasse zu tragen, was schließlich so beschlossen wurde.[135]

Die Modernisierung der Gesellschaft machte vor der Begräbnis- und Trauerkultur nicht halt. Da die Kirchgemeinde die Ordnung auf dem Taucherfriedhof zunehmend gefährdet sah, stellte sie ab 1925 eigenes Aufsichtspersonal an. Über deren Erlebnisse berichtete der Friedhofsaufseher Bruno Kellerbauer anschaulich im Evangelischen Gemeindeblatt: „Es sind bei Beerdigungen Szenen beobachtet worden, die jeder Beschreibung spotten: z. B. zählte man bei einer Beerdigung nicht weniger als 30 Kinderwagen; Kinder, die kaum laufen konnten, fingen an zu schreien, so daß ihnen die Mütter schnell den Mund zuhalten mußten. […] Auch ist beobachtet worden, daß sich in nächster Nähe der Trauerversammlung die Besitzer eines Grabes auf der niederen Umzäunung desselben niedergelassen hatten, um der ernsten Feier sitzend, gleich einer Theatervorstellung beizuwohnen."[136] Illegale Abfälle und der Diebstahl von Grabbepflanzungen gehörten damals ebenfalls schon zum Alltag auf dem Taucherfriedhof.

Diese Probleme traten angesichts der Not und Zerstörungen, von denen Bautzen in den letzten Wochen des Zweiten Weltkriegs betroffen war, vollkommen in den Hintergrund. Auch das Friedhofsgelände wurde bei den Kämpfen verwüstet, und die zahlreichen toten Zivilisten konnten nur in Massengräbern bestattet werden. Nach Kriegsende galt es, das Friedhofsareal wieder in einen würdigen Zustand zu

versetzen. Damit betraute die Kirchgemeinde den Bautzener Maler und Lehrer Alfred Herzog, der als Friedhofspfleger angestellt wurde.[137] Mit viel Enthusiasmus kümmerte er sich um den alten Teil des Taucherfriedhofs und widmete sich der Dokumentation der historischen Grabsteine, die nun erstmals als Einzeldenkmäler vom Dresdener Institut für Denkmalpflege erfasst wurden (Abb. 34).[138] Über mehr als 30 Jahre hinweg war Herzog zudem als Berater für Friedhofsgestaltungen in ganz Ostsachsen tätig und bemühte sich um den Denkmalschutz auf historischen Friedhöfen. Für seine Verdienste erhielt er 1983 die Ehrenmedaille der in Kassel ansässigen internationalen Arbeitsgemeinschaft „Friedhof und Denkmal".

Immer wieder wandte sich Herzog auch an Behörden, um auf den Verfall von Grabsteinen und Gruftgebäuden auf dem Taucherfriedhof hinzuweisen. Da Baumaterialien in den Nachkriegsjahren zunächst für den Wiederaufbau und später für den Wohnungsbau rationiert waren, konnte er dem fortschreitenden baulichen Niedergang aber nur hilflos zusehen. So musste in den 1960er Jahren die barocke Gruft des Bautzener Bürgermeisters Johann Gottfried Steudtner, die in der nordwestlichen Ecke des ältesten Friedhofsteils stand, wegen Einsturzgefahr abgerissen werden.[139] Weil selbst die finanziellen Mittel für den Abtransport des Bauschutts fehlten, blieb er lange Zeit einfach liegen. Als ein ähnliches Schicksal auch der barocken Gruft des Bürgermeisters Christian Gotthelf Marche drohte, ließ Alfred Herzog mit seinem eigenen

Geld zumindest die Außenmauern baulich sichern. Selbst für einen in den 1970er Jahren angedachten Neubau eines Krematoriums in Bautzen fehlten die notwendigen Baukapazitäten.[140] In den 1970er und 1980er Jahren verschlechterte sich der Zustand der Dächer aller Gruftgebäude zusehends, so dass sie teilweise einstürzten bzw. abgetragen werden mussten. Vandalismus und Diebstahl taten ihr Übriges, um die Schäden auf dem Friedhof zu vergrößern. Gegen Ende der 1980er Jahre bot sich daher auf dem historischen Teil des Taucherfriedhofs an vielen Stellen ein trostloses Bild.

Seit 1990 fanden umfangreiche Sanierungsarbeiten auf allen Abteilungen des Friedhofs, insbesondere auf dem historischen Teil statt. Dabei wurden Grabsteine konserviert und restauriert, die Dächer der Gruftgebäude erneuert und völlig zugewachsene Denkmäler wieder freigelegt.[141] Im Auftrag des Kulturamts der Stadt Bautzen erfasste der Maler Lutz Jungrichter 1993 alle historisch wertvollen Grabdenkmäler und schuf damit eine wertvolle Dokumentation über ihren Zustand am Ende des 20. Jahrhunderts.[142]

Bis heute stellt die Erhaltung des Friedhofs und der zahlreichen historischen Grabsteine eine ständige Herausforderung für die Friedhofsverwaltung und die Kirchgemeinde St. Petri dar. Sie kann nur mit der Unterstützung privater Spender und öffentlicher Fördermittelgeber gemeistert werden, die es als ihr Anliegen sehen, den Taucherfriedhof als herausragenden Ort der Bautzener Stadtgeschichte für künftige Generationen zu bewahren.

ANMERKUNGEN

1 Wenzel, Kai: Der Dom St. Petri zu Bautzen. Architektur und Ausstattung. In: ders./Mitzscherlich, Birgit/Wohlfarth, Nicole: Der Dom St. Petri zu Bautzen, Bautzen 2016, S. 19–209, hier S. 190–207.

2 Wenzel, Kai: Die Franziskanerklosterkirche St. Marien. In: Kosbab, Silke/Wenzel, Kai: Bautzens verschwundene Kirchen, Bautzen 2008, S. 53–85, hier S. 73–76; Archivverbund Bautzen, Stadtarchiv (nachfolgend StA Bautzen), 68002-328, Techell, Karl Friedrich: Budissins Annalen, Bd. 2, S. 32; Kosbab, Silke: Die Hospitalkirche Zum Heiligen Geist. In: dies./Wenzel, Kai: Bautzens verschwundene Kirchen, Bautzen 2008, S. 87–111.

3 Wenzel, Kai: Die Kirche St. Nikolai. In: Kosbab/Wenzel: Bautzens verschwundene Kirchen (wie Anm. 2), S. 149–189.

4 Dies entsprach allerdings in den benachbarten Kommunen des Sechsstädtebundes eher der Regel, lagen doch die Hauptfriedhöfe von Görlitz, Kamenz, Löbau und Zittau alle vor den Stadtmauern bzw. wurden während des Spätmittelalters und der Frühen Neuzeit dorthin verlegt.

5 Knauthe, Christian: Derer Oberlausitzer Sorberwenden umständliche Kirchengeschichte, Görlitz 1767, S. 169.

6 Die entsprechenden Quellen sind abgedruckt bei Heßler, Karl Albert: Die milden Stiftungen der Stadt Budissin, Bd. 2, Budissin 1849, S. 133–136.

7 Wetzke, Hermann: Die Parochie Uhyst a. T. In: Buchwald, Georg (Hg.): Neue sächsische Kirchengalerie. Die Diöcese Bautzen, Leipzig 1905, Sp. 549–562, hier Sp. 553 f. Seit dem 18. Jahrhundert gab es immer wieder Spekulationen, ob vielleicht die Marienfigur in der Wallfahrtskirche von Rosenthal bei Panschwitz-Kuckau mit dem ehemals in Uhyst verehrten Gnadenbild identisch sei, so z. B. bei Knauthe, Oberlausitzer Sorberwenden (wie Anm. 5), S. 174.

8 Luther, Martin: An den christlichen Adel deutscher Nation von des christlichen Standes Besserung 1520. In: Martin Luthers Werke. Kritische Gesamt-Ausgabe, Abt. 1, Werke, Bd. 6, Weimar 1888, S. 381–469.

9 Zu Luthers Marienverständnis vgl.: Kreitzer, Beth: Reforming Mary. Changing Images of the Virgin Mary in Lutheran Sermons of the Sixteenth Century, Oxford 2004; Heal, Bridget: The cult of the Virgin Mary in early Modern Germany. Protestant and catholic piety, 1500–1648, Cambridge 2007.

10 StA Bautzen, U III 200, Platzsche Chronik, Bd. 6: Anno 1523, Bl. 1r.; siehe auch Baumgärtel, Friedrich: Die kirchlichen Zustände Bautzens im 16. und 17. Jahrhundert, Bautzen 1899, S. 9 f. Erst auf Intervention der Landesherrschaft kamen die Täter wieder frei.

11 Lutsch, Hans: Verzeichnis der Kunstdenkmäler der Provinz Schlesien, Bd. 3: Die Kunstdenkmäler des Regierungsbezirks Liegnitz, Breslau 1891, S. 777; Bechter, Barbara/Fastenrath, Wiebke (Bearb.): Georg Dehio. Handbuch der deutschen Kunstdenkmäler, Sachsen I, Regierungsbezirk Dresden, München/Berlin 1996, S. 809.

12 Heßler, Die milden Stiftungen (wie Anm. 6), S. 133 f.

13 Es handelt sich um die spätgotischen Figuren des Salvator mundi, der Gottesmutter, der hl. Anna sowie der hl. Barbara. Gurlitt, Cornelius: Beschreibende Darstellung der älteren Bau- und Kunstdenkmäler des Königreichs Sachsen, H. 32: Bautzen (Land), Dresden 1908, S. 298.

14 Schmidt, Eva: Mittelalterliche und barocke Plastik der Oberlausitz, Bautzen 1984, S. 10.

15 StA Bautzen, 68002–328, Techell, Karl Friedrich: Budissins Annalen, Bd. 2, S. 416.

16 Ebd., S. 302. In seiner Nachbarschaft ließ der Rat 1587 das Lazarushospital errichten, das später als Taucherhospital bezeichnet wurde.

17 StA Bautzen, 62000–991, Stieffts Buch Uber das Begrebnus Kirchlin fur dem eusseristenn Reichen oder Heugen Thore am Taucher Kirchhoffe […].

18 Reymann, Richard: Geschichte der Stadt Bautzen, Bautzen 1902, S. 363.

19 StA Bautzen, 68002–328, Techell, Karl Friedrich: Budissins Annalen, Bd. 2, S. 302.

20 Ebd., S. 303.

21 Ein vergleichbares Bautzener Stadtwappen mit dem Wahlspruch des Rates aus dem Jahr 1589 findet sich am ehemaligen Gutshof des früheren Ratsdorfes Soritz.

22 Fischer, Friedrich: Eine Christliche vnd zwar die Erste Predigt So da ist gehalten worden in dem auffm Gottesacker Newerbaweten Kirchlein zum Taucher genennt […], Budissin 1600, fol. 17v. Ausführlicher zu dieser Predigt: Wenzel, Kai: Die Bautzener Taucherkirche und das Görlitzer Heilige Grab. Räumliche Reorganisationen zweier Orte spätmittelalterlicher Frömmigkeit im konfessionellen Zeitalter. In: Wetter, Evelin (Hg.): Formierungen des konfessionellen Raumes in Ostmitteleuropa, Stuttgart 2008, S. 167–192, hier S. 174–177.

23 Stieffts Buch Uber das Begrebnus Kirchlin (wie Anm. 17).

24 Gerblich, Walter: Johann Leisentrit und die Administratur des Bistums Meißen in den Lausitzen, Leipzig 1959, S. 60–112; Seifert, Siegfried: Niedergang und Wiederaufstieg der katholischen Kirche in Sachsen 1517–1773, Leipzig 1964, S. 31–43; ders.: Johann Leisentrit 1527–1586 zum vierhundertsten Todestag, Leipzig 1987, S. 21–34; Seifert, Siegfried: Domdekan Johann Leisentrit als Apostolischer Administrator und kaiserlicher Generalkommissar in Religionssachen. In: Bahlcke, Joachim (Hg.): Die Oberlausitz im frühneuzeitlichen Mitteleuropa. Beziehungen – Strukturen – Prozesse, Leipzig 2007, S. 174–190.

25 Ausführlicher dazu: Wenzel, Kai: Spuren der Veränderung. Die Interieurs der Oberlausitzer Stadtkirchen im Zeitalter der Reformation. In: Siewert, Ulrike (Hg.): Die Stadtpfarrkirchen Sachsens im Mittelalter und in der Frühen Neuzeit, Dresden 2013, S. 179–208, hier S. 205–207.

26 Baumgärtel, Friedrich: Die kirchlichen Zustände Bautzens im 16. und 17. Jahrhundert, Bautzen 1899, S. 36–39; Vötig, Richard: Die simultankirchlichen Beziehungen zwischen Katholiken und Protestanten zu St. Peter in Bautzen, Borna/Leipzig 1911, S. 16–26; Bulisch, Jens: ‚Fried‘, ‚Ruh‘, und ‚Einigkeit‘. Die Beilegung des Konfessionsstreites 1599. In: Schwerhoff, Gerd/Völkner, Marion (Hg.): Eide, Statuten und Prozesse. Ein Quellen- und Lesebuch zur Stadtgeschichte von Bautzen (14.–19. Jahrhundert), Bautzen 2002, S. 83–88; Schulz, Hagen: Bautzen zwischen Reformation, Pönfall und Dreißigjährigem Krieg. Zur Geschichte der Stadt im 16. und 17. Jahrhundert. In: Hasse, Hans-Peter/Wartenberg, Günther (Hg.): Caspar Peucer (1525–1602). Wissenschaft, Glaube und Politik im konfessionellen Zeitalter, Leipzig 2004, S. 189–236, hier S. 197 f.

27 Heßler, Die milden Stiftungen (wie Anm. 6), S. 108.

28 Wenzel, Der Dom (wie Anm. 1), S. 96 f.

29 StA Bautzen, 68002–329, Techell, Karl Friedrich: Budissins Annalen, Bd. 3, S. 28 f.

30 Heßler, Die milden Stiftungen (wie Anm. 6), S. 137.

31 Die Grabinschriften überliefert Wagner, Johann Christoph: Budißinische Grab- und Gedächtnis-Mahle […], Budissin 1697, S. 42 f.

32 Heßler, Die milden Stiftungen (wie Anm. 6), S. 137 f.

33 StA Bautzen, 68002–329, Techell, Karl Friedrich: Budissins Annalen, Bd. 3, S. 145.

34 Ebd., S. 254. Caspar Peucer d. J. gehörte 1636 auch zu den Stiftern der neuen Abendmahlskanne für den lutherischen Teil von St. Pe-

tri, vgl. Wenzel, Der Dom (wie Anm. 1), S. 123.

35 Heßler, Die milden Stiftungen (wie Anm. 6), S. 113.

36 So basiert das Gemälde der Auferstehung Christi auf einem Kupferstich des Augsburgers Lukas Kilian von 1606 nach einem Gemälde von Joseph Heintz d. Ä.; zu Letzterem siehe: Zimmer, Jürgen: Joseph Heintz der Ältere als Maler, Weißenhorn 1971, S. 128–131. Da sich das Hauptbild stilistisch und qualitativ von den anderen beiden deutlich unterscheidet, könnte es vom Retabel von 1629 übernommen worden sein.

37 StA Bautzen, 68002–330, Techell, Karl Friedrich: Budissins Annalen, Bd. 4, S. 130.

38 Wenzel, Kai: Ausstattungsstücke des 17. Jahrhunderts in Oberlausitzer Kirchen. Ein Überblick. In: Koch, Uwe/Wenzel, Kai (Hg.): Unsterblicher Ruhm. Das Epitaph des Gregorius Mättig und die Kunst des 17. Jahrhunderts in der Oberlausitz, Görlitz/Zittau 2013, S. 129–172, hier S. 150 f.

39 Die verlorenen Inschriften des 1639 beschädigten Retabels überliefert vermutlich ein Schriftstück im StA Bautzen, 62000–994, Verzeichnisse der Begräbnisstellen auf dem Taucherfriedhof, Nr. 2.

40 StA Bautzen, 68002–330, Techell, Karl Friedrich: Budissins Annalen, Bd. 4, S. 460 f.

41 Landesamt für Denkmalpflege Sachsen (nachfolgend LfD Sachsen), Archiv, Akten der Königlich Sächsischen Kommission zur Erhaltung der Kunstdenkmäler, B 8, Taucherkirche zu Bautzen, S. 21.

42 StA Bautzen, 68002–332, Techell, Karl Friedrich: Budissins Annalen, Bd. 6, S. 1578.

43 Ebd., S. 1610.

44 Gurlitt, Cornelius: Beschreibende Darstellung der älteren Bau- und Kunstdenkmäler des Königreichs Sachsen. H. 33, Bautzen (Stadt). Dresden 1909, S. 96.

45 StA Bautzen, 68002–332, Techell, Karl Friedrich: Budissins Annalen, Bd. 6, S. 1610; Gurlitt, Beschreibende Darstellung (wie Anm. 44), S. 94. Dittrich war der Schwiegervater des bekannten Dresdener Bildhauers Franz Pettrich; zu seiner Person vgl. Geller, Hans: Franz und Ferdinand Pettrich. Zwei sächsische Bildhauer aus der Zeit des Klassizismus, Dresden 1953, S. 19 f.

46 StA Bautzen, 68002–332, Techell, Karl Friedrich: Budissins Annalen, Bd. 6, S. 1505.

47 Heßler, Die milden Stiftungen (wie Anm. 6), S. 112.

48 StA Bautzen, 68002–335, Techell, Karl Friedrich: Budissins Annalen, Bd. 9, S. 788.

49 Vgl. StA Bautzen, 68001–38, Genehmigungen von Musikaufführungen in der Taucherkirche, 1850–1852.

50 LfD Sachsen, Archiv, Akten der Königlich Sächsischen Kommission zur Erhaltung der Kunstdenkmäler, B 8, Taucherkirche zu Bautzen, Bl. 2r–v.

51 Ebd., Bl. 10.

52 Ebd., Bl. 6r–8r. Zu Kandler vgl.: Ullmann, Kati: Der Architekt Woldemar Kandler. Ländliche Sakralbauten des Kirchenbaumeisters in Sachsen, Saarbrücken 2010.

53 LfD Sachsen, Archiv, Akten der Königlich Sächsischen Kommission zur Erhaltung der Kunstdenkmäler, B 8, Taucherkirche zu Bautzen, Bl. 20.

54 Ebd., Bl. 38. Zu Hempel vgl.: Schenk, Andreas: Auf den Spuren Oswin Hempels – ein Dresdner Architekt der Reformbewegung des frühen 20. Jahrhunderts. In: Lupfer, Gilbert/Rudert, Konstanze/Sigel, Paul (Hg.): Bau + Kunst. Kunst + Bau. Festschrift zum 65. Geburtstag von Professor Jürgen Paul, Dresden 2000, S. 248–254.

55 LfD Sachsen, Plansammlung, Entwurfszeichnung von Oswin Hempel, „Abschlussmauer der Platzanlage vor der Taucherkirche in Bautzen", 30. April 1926.

56 Bereits 1908 hatte sich Hempel auch am Architektenwettbewerb für die Neugestaltung der Orgelempore im evangelischen Teil des St.-Petri-Doms beteiligt, war damals jedoch Fritz Schumacher unterlegen: Wenzel, Der Dom (wie Anm. 1), S. 171.

57 Große, Gottfried: Zur Erneuerung der Taucherkirche. In: Evangelisches Gemeindeblatt für Bautzen 2/9 (1926), S. 2–6, hier S. 5. Der fast vergessene Orgelbaumeister Walter Thurau hatte seine Werkstatt unweit der Taucherkirche in der Taucherstraße 14.

58 Die Versetzung der Grabsteine übernahm die Bautzener Baufirma Löhnert & Rötschke, deren hohe Rechnungsforderung jedoch einen mehrjährigen Streit mit der Kirchgemeinde St. Petri und dem Landesamt für Denkmalpflege nach sich zog. LfD Sachsen, Archiv, Akten der Königlich Sächsischen Kommission zur Erhaltung der Kunstdenkmäler, B 8, Taucherkirche zu Bautzen, Bl. 63r.: Die Grabsteine wurden von der Dresdener Firma Gebrüder Eberlein abgelaugt, was aus heutiger Sicht kritisch zu bewerten ist, da dabei nicht nur mehrere Schichten verunklärender Ölfarbanstriche entfernt wurden, sondern auch die ursprünglichen Farbfassungen der barocken Grabdenkmäler verlorengingen.

59 LfD Sachsen, Archiv, Akten der Königlich Sächsischen Kommission zur Erhaltung der Kunstdenkmäler, B 8, Taucherkirche zu Bautzen, Bl. 92r.

60 Richard Morgenthal entwarf 1929 auch die modernen Fenster im Treppenhaus des Dresdener Hygiene-Museums.

61 Die Restaurierung führte der Dresdener Maler Ernst Knaur im Auftrag des Landesamtes für Denkmalpflege aus.

62 LfD Sachsen, Archiv, Akten der Königlich Sächsischen Kommission zur Erhaltung der Kunstdenkmäler, B 8, Taucherkirche zu Bautzen, Bl. 99a.

63 Große, Gottfried: Zur Erneuerung der Taucherkirche. In: Evangelisches Gemeindeblatt für Bautzen 2/9 (1926), S. 2–6, hier S. 4. Die beiden Engelsfiguren sind wahrscheinlich die letzten erhaltenen Bestandteile des figürlichen Schmucks der Orgel der Dresdener Schlosskapelle. Im Jahr 1738 gelangte die Orgel in die Dresdener Matthäuskirche, wo die Putten bei einer Umgestaltung 1882 entfernt wurden (Cornelius Gurlitt: Beschreibende Darstellung der älteren Bau- und Kunstdenk-

mäler des Königreichs Sachsen, H. 21–23: Stadt Dresden, Dresden 1903, S. 153 und 267).

64 Zu Schneider vgl. Starck, Christiane: Sascha Schneider. Ein Künstler des deutschen Symbolismus, Marburg 2016.

65 Sascha Schneider, Entwurf für Altargemälde für die Taucherkirche in Bautzen (Auffahrender Christus – Christi Himmelfahrt), 1926, Pinsel in Wasser- und Goldfarbe, $63{,}5 \times 46{,}5$ cm, Staatliche Kunstsammlungen Dresden, Kupferstich-Kabinett, Inv.-Nr. C 1985-1302.

66 LfD Sachsen, Archiv, Akten der Königlich Sächsischen Kommission zur Erhaltung der Kunstdenkmäler, B 8, Taucherkirche zu Bautzen, Bl. 134r.

67 Ebd., Bl. 148r.

68 Große, Gottfried: Die Weihe der Taucherkirche. In: Evangelisches Gemeindeblatt für Bautzen 2/9 (1926), S. 6 f.

69 Große, Gottfried: Zur Erneuerung der Taucherkirche. In: Evangelisches Gemeindeblatt für Bautzen 2/9 (1926), S. 2–6.

70 Ebd., S. 4. Eine Inschrift am Kruzifix erinnerte an die verstorbene Gattin Bulnheims.

71 Ebd., S. 3.

72 LfD Sachsen, Archiv, Akte Bautzen, Taucherkirche, 1950–1991, o. Bl. (Schreiben des Kunstdienstes der Ev.-luth. Landeskirche Sachsen vom 17. Februar 1953). Ergänzend finden sich Unterlagen im Kirchgemeindearchiv St. Petri Bautzen, 997, Taucherkirche, Laufende und besondere Unterhaltung, 1952–1956.

73 Wenzel, Der Dom, wie Anm. 1, S. 175–179, 187.

74 Dokumente zur Überarbeitung der Orgel durch die Werkstatt Hermann Eule finden sich im Kirchgemeindearchiv St. Petri Bautzen, 997, Taucherkirche, Laufende und besondere Unterhaltung, 1952–1956.

75 Die Entfernung des Gemäldes wurde vom Kirchenvorstand von St. Petri in einer Sitzung am 4. August 1953 beschlossen. Danach verlieren sich seine Spuren (Kirchgemeindearchiv St. Petri Bautzen, 997, Taucherkirche, Laufende und besondere Unterhaltung, 1952–1956, Protokoll der erweiterten Ausschusssitzung, 4.8.1953; siehe auch Kirchgemeindearchiv St. Petri Bautzen, 138, Taucherkirche, Laufende und besondere Unterhaltung, 1939–1981, Bericht über die Instandsetzung der Taucherkirche zu Bautzen).

76 Die auf Oktober 1954 datierten Originalentwürfe befinden sich in der Plansammlung des Landesamtes für Denkmalpflege Sachsen.

77 Gurlitt, Beschreibende Darstellung (wie Anm. 44), S. 346 f.; Mirtschin, Hans: 800 Jahre Rathaus Bautzen. Baugeschichte und Baugestalt, Bautzen 2013, S. 105–107, schreibt das Gemälde dem Bautzener Maler Michael Sporer zu.

78 LfD Sachsen, Archiv, Akte Bautzen, Taucherkirche, 1950–1991, o. Bl. (Schreiben des Ev.-luth. Kirchenvorstands zu St. Petri, Superintendent Rudolf Busch, vom 29. Oktober 1958).

79 Die Sanierungs- und Restaurierungsmaßnahmen sind umfassend dokumentiert in den Ortsakten des Landesamtes für Denkmalpflege Sachsen.

80 Lexikon des Mittelalters, Bd. 5, Stuttgart 1999, S. 134 f.

81 StA Bautzen, 68002–328, Techell, Karl Friedrich: Budissins Annalen, Bd. 2, S. 147.

82 Kosbab, Silke: Die Hospitalkirche Zum Heiligen Geist. In: Kosbab/Wenzel: Bautzens verschwundene Kirchen (wie Anm. 2), S. 87–117.

83 Kosbab, Silke: Die Hospitalkirche Maria Magdalena und Martha. In: Kosbab/Wenzel: Bautzens verschwundene Kirchen (wie Anm. 2), S. 119–147.

84 Wenzel, Kai: Das Bautzener Neuhaus. Ein vergessener Ort der Sozialgeschichte. In: Neues Oberlausitzer Hausbuch 2019, S. 32–36.

85 Reymann, Geschichte (wie Anm. 18), S. 516.

86 Alternativ trug es bis zum Jahr 1678 auch die Bezeichnung Strehlerhaus nach dem bei Bautzen gelegenen Dorf Strehla: Heßler, Karl Albert: Die milden Stiftungen der Stadt Budissin, Bd. 3, Budissin 1850, S. 127.

87 StA Bautzen, 68002–328, Techell, Karl Friedrich: Budissins Annalen, Bd. 2, S. 147. Das Gemälde wurde 1771 bei einer Renovierung des Gebäudes überstrichen (StA Bautzen, 68002–332, Techell, Karl Friedrich: Budissins Annalen, Bd. 6, S. 1507).

88 StA Bautzen, 62536 und 62002 II, 239 bis 242.

89 Belege für solche Kreditgeschäfte aus dem 18. Jahrhundert finden sich u.a. in StA Bautzen, 62000–833, Hospital zum Taucher.

90 Heßler, Die milden Stiftungen (wie Anm. 86), S. 138.

91 Hier und im Folgenden ebd., S. 135 f.

92 Ebd., S. 137.

93 Ebd., S. 138 f.

94 Ebd., S. 132.

95 Ebd., S. 133.

96 Reymann, Geschichte (wie Anm. 18), S. 518. In den Grundstein war eine ausführliche Urkunde eingelegt worden, deren Wortlaut bei Reymann wiedergegeben ist.

97 Die Rechnungsunterlagen des vereinigten Frauenhospitals sind zu finden in StA Bautzen, 62538.

98 Reymann, Geschichte (wie Anm. 18), S. 524–527.

99 StA Bautzen, 68002–328, Techell, Karl Friedrich: Budissins Annalen, Bd. 2, S. 153.

100 Dazu gehört der Grabstein des Malers Matthäus Crocinus, dessen letzte Ruhestätte sich an der westlichen Friedhofsmauer nahe der Taucherkirche befand.

101 StA Bautzen, 68002–328, Techell, Karl Friedrich: Budissins Annalen, Bd. 2, S. 416.

102 Ebd., S. 155 und 244.

103 Reymann, Geschichte (wie Anm. 18), S. 373.

104 Wenzel, Der Dom (wie Anm. 1), S. 98 f.

105 Heßler, Die milden Stiftungen (wie Anm. 6), S. 106 f.

106 Jungrichter, Lutz: Bautzener Grabmale. Taucherfriedhof Teil 1, Bautzen 1993, S. 21.

107 StA BZ 62000–994 Verzeichnisse der Begräbnisstellen auf dem Taucherfriedhof, Nr. 1.

108 Eine Übersicht über diese Stiftungen gibt Heßler, Die milden Stiftungen (wie Anm. 6), S. 121–133.

109 Darüber berichtet das Verzeichnis StA Bautzen, 62000–994, Verzeichnisse der Begräbnisstellen auf dem Taucherfriedhof, Nr. 4. Die Vergabe von Erbbegräbnissen wiederholte sich im 17. Jahrhundert nochmals: StA Bautzen, 62000–993, Taucherkirchhof 1667/68.

110 Wagner, Johann Christoph: Epitaphia Budissinensia Quotquot Latii Sermonis, in Templis et Coemeteriis […]. Budissin 1696; Ders., Grab- und Gedächtnis-Mahle (wie Anm. 31).

111 Kießling hatte diese Grabstelle bereits vierzehn Jahre vor seinem Tod per Los erhalten. Die völlig verwitterte Grabinschrift ist dokumentiert bei Wagner, Grab- und Gedächtnis-Mahle (wie Anm. 31), S. 58, Nr. 98. Das Erbbegräbnis befand sich zu diesem Zeitpunkt bereits nicht mehr im Besitz der Familie Kießling, sondern der Familie Zschocke.

112 Wenzel, Bautzener Neuhaus (wie Anm. 84), S. 35.

113 Heßler, Die milden Stiftungen (wie Anm. 6), S. 117 f.

114 StA Bautzen, 68002–332, Techell, Karl Friedrich: Budissins Annalen, Bd. 6, S. 1297.

115 Reymann, Geschichte (wie Anm. 18), S. 373.

116 StA Bautzen, 68001–337, Bericht des Stiftungsadministrator Carl Traugott Fiedler über die Nutzung der Francke'schen Gruft auf dem Taucherfriedhof als Wachstube der preußischen Armee, 16. April 1813.

117 Dieses Restloch ist auf dem Lorenz'schen Stadtplan aus dem Jahr 1825 östlich der Francke'schen Gruft eingezeichnet (Sächsisches Staatsarchiv, Hauptstaatsarchiv Dresden, 11345 Ingenieurkorps, Nr. 158–161).

118 StA Bautzen, 68002–340, Techell, Karl Friedrich: Budissins Annalen, Bd. 14, S. 36–38.

119 StA Bautzen, 62008–1881, Bauten und Reparaturen in der Begräbniskirche zum Taucher und beider Kirchhöfe, Bl. 29r–31v.

120 Reymann, Geschichte (wie Anm. 18), S. 373.

121 StA Bautzen, 62008–1881, Bauten und Reparaturen in der Begräbniskirche zum Taucher und beider Kirchhöfe, Bl. 25r–27v.

122 StA Bautzen, 62008–2029, Gebahrung mit dem auf dem Kirchhof zum Taucher befindlichen alten Leichensteinen, Bl. 2r–5r (Schreiben vom 31. März 1848).

123 Ebd., Bl. 6r–13v.

124 Ebd., Bl. 55r–57v.

125 Ebd., Bl. 58r–59v.

126 Budissiner Nachrichten, Nr. 222, 24.09.1867, S. 1.

127 Beispiele für diese Wiederverwendung barocker Grabmäler in der zweiten Hälfte des 19. Jahr-

hunderts finden sich bei den Erbbegräbnissen entlang der West- und Nordmauer des alten Friedhofsteils.

128 Reymann, Geschichte (wie Anm. 18), S. 374.

129 Ebd.

130 Ebd.

131 Vgl. Baur, Ludwig: Friedhofsanlage und Friedhofskunst, Mönchengladbach 1914; Sonnen, Max: Friedhofskunst. Vorschläge für die schönheitliche Ausgestaltung der Friedhöfe, Münster 1918.

132 StA Bautzen, 62008–1889, Erbauung eines Leichengeräteschuppens. Umgestaltet zum Wohnhaus, steht es bis heute neben dem Gebäude der Studienakademie (Löbauer Straße 1 a).

133 Dazu finden sich zahlreiche Dokumente in LfD Sachsen, Archiv, Akten der Königlich Sächsischen Kommission zur Erhaltung der Kunstdenkmäler, B 8, Taucherkirche zu Bautzen.

134 StA Bautzen, 62008–1884, Unterhaltung und Beaufsichtigung des Friedhofes zum Taucher, Bl. 7r.

135 Ebd., Bl. 20r–v.

136 Kellerbauer, Bruno: Was auf unserem Taucherfriedhof anders sein könnte. In: Evangelisches Gemeindeblatt für Bautzen 2/8 (1926), S. 4 f.

137 Zu seiner Person: Walter Starke: Alfred Herzog verstorben. In: Bautzener Kulturschau 38/3 (1988), S. 13.

138 Die Angaben für die Erfassung stellte ebenfalls Alfred Herzog zusammen. StA Bautzen, 68020, Sammlung Familie Mirtschin, Mappe 1 (Fragebögen zu den Kulturdenkmalen auf dem Taucherfriedhof mit zahlreichen Fotografien).

139 Jungrichter, Bautzener Grabmale (wie Anm. 106), o. Bl. (geschichtlicher Abriss des Taucherfriedhofs).

140 Kreisarchiv Bautzen, 510a–25040, Taucherfriedhof Bautzen, o. Bl. (Schreiben des Rates des Kreises Bautzen, Referat Kirchenfragen vom 16.11.1973).

141 Diese Maßnahmen sind umfangreich dokumentiert in den Ortsakten des LfD Sachsen.

142 Jungrichter, Lutz: Bautzener Grabmale. Taucherfriedhof, 3 Bde., Bautzen 1993. Exemplare der maschinenschriftlichen Dokumentation sind im Bestand des Archivverbunds Bautzens sowie der SLUB Dresden zu finden.

DER TAUCHERFRIEDHOF ALS ERINNERUNGSORT – AUSGEWÄHLTE GRABMÄLER UND GRUFTGEBÄUDE DES 17. BIS 20. JAHRHUNDERTS

Heinz Henke und Kai Wenzel

DAS GRAB EINER MÜLLERFAMILIE
Johann Traugott Wetzlich (02.11.1784–01.08.1863)

Das in Rokokoformen gestaltete Grabmal entstand bereits im 18. Jahrhundert, wobei sein ursprünglicher Auftraggeber nicht bekannt ist. In den 1860er Jahren ging es in den Besitz der Familie Wetzlich über, die es mit neuen Inschriften versehen ließ. Zu diesem Zeitpunkt herrschte auf dem Taucherfriedhof großer Platzmangel, weswegen keine neuen Grabsteine aufgestellt werden durften.

Johann Traugott Wetzlich wurde am 2. November 1784 geboren. Sein gleichnamiger Vater war Oberältester der Bautzener Müller und kaufte 1785 die Frankenstein'sche Mühle, die er zuvor bereits gepachtet hatte. Sie war eine der größten Mühlen in Bautzen. Nach dem Tod des Vaters betrieb Johann Traugott Wetzlich d. J., der seit 1828 mit Maria Salome Lücke verheiratet war, die Mühle weiter. Aus der Ehe gingen vier Söhne und zwei Töchter hervor. Zwei der Söhne – Gustav Adolf und Gustav Hermann – übernahmen gemeinsam die Mühle, die sie aber verpachteten. Stattdessen schlugen beide eine juristische Laufbahn ein: Gustav Adolf als königlicher Friedensrichter, Gustav Hermann als Amtsrichter am königlichen Amtsgericht in der Bautzener Ortenburg. Außerdem waren sie in der Stadtpolitik aktiv: Gustav Adolf als Stadtrat, Gustav Hermann als Vorsteher des Stadtverordnetenkollegiums. Johann Traugott Wetzlich d. J. verstarb am 1. August 1863, seine Frau am 12. November 1877. Die Frankenstein'sche Mühle blieb noch bis circa 1911 im Besitz der Nachfahren.

T02 DER TRAGISCHE TOD EINES TURNLEHRERS
Carl Gottlieb Ruffany (05.01.1801–16.08.1841)

Das eher schlichte Grabmal aus der ersten Hälfte des 19. Jahrhunderts, das sein bekrönendes Kreuz verloren hat, erinnert an Carl Gottlieb Ruffany und seine Familie.

Geboren wurde Ruffany (auch Ruffani) am 5. Januar 1801 in Liebstadt als Sohn eines Seilers. Wann genau er nach Bautzen kam, ist nicht bekannt. Noch in Liebstadt heiratete er 1838 Eleonore Amalia Berndt, die Tochter des Bautzener Kaufmanns Karl Gottlieb Berndt und seiner Frau Katharina Amalia. Im gleichen Jahr trat Ruffany eine Stelle als Turnlehrer in Bautzen an und unterrichtete als solcher ab 1839 auch die Seminaristen des Landständischen Seminars. Der Turnunterricht fand in der heute als Jugendherberge genutzten Gerberbastei statt. Im Januar 1840 erwarb Ruffany das Bautzener Bürgerrecht. Ein Jahr später ereilte die Familie jedoch ein großes Unglück: Im August 1841 stürzte Ruffany unglücklich und verstarb an den Folgen. Seine Tochter Katharina war zu diesem Zeitpunkt erst sechs Monate alt. Carl Gottlieb Ruffany ist nicht zu verwechseln mit dem 1822 in Kamenz geborenen Friedrich Ruffany, der bis zu seinem Tod 1865 ebenfalls als Turnlehrer am Landständischen Seminar tätig war und dessen Grabstein sich auf dem zweiten Teil des Taucherfriedhofs, rechts neben dem Denkmal für die Gefallenen des Reserve-Infanterie-Regiments 242 befindet.

EIN STRUMPF- UND BARETTMACHER UND SEIN NACHFAHRE

T03

Michael Christian Kühnel d. Ä. (23.08.1678–11.08.1736)

Das Grabmal für Michael Christian Kühnel d. Ä. ist ein bedeutendes Beispiel für die Bildhauerkunst des Barock. Auf der Vorderseite ist die hohe Platte mit mehreren Kartuschen verziert. Emblematische Darstellungen erinnern an die Vergänglichkeit des irdischen Lebens. Hervorzuheben sind insbesondere zwei Schiffe, von denen eines unter vollen Segeln steht, während das andere untergeht. Wie eine begleitende Inschrift erläutert, sollen sie den Tod als das Einlaufen in den ewigen Hafen versinnbildlichen.

Michael Christian Kühnel d. Ä. war als Strumpf- und Barettmacher in Bautzen tätig, einem Handwerk, das im 18. Jahrhundert florierte. Er erwarb sich Ansehen und Reichtum, was auch an dem für einen Handwerker außergewöhnlich prachtvollen Grabstein abzulesen ist. Ursprünglich stand der Stein auf dem Kühnel'schen Erbbegräbnis an der westlichen Friedhofsmauer und wurde erst im 20. Jahrhundert an seinen heutigen Standort versetzt. Auch Kühnels Sohn Michael Christian d. J., der 1720 geboren wurde, erlernte das Handwerk des Strumpf- und Barettmachers. Später stiftete er 4.000 Taler zur Unterstützung von Witwen, Waisen und Armen. Außerdem legte er fest, dass sein Haus am Weinberg neben dem Bautzener Kupferhammer der Stadt zufallen sollte, diese aber beim Verkauf die Hälfte des Erlöses an die von Johann Christoph Prentzel (T46) gestiftete Schule zu übergeben habe. Michael Christian Kühnel d.J. verstarb als Oberältester der Bautzener Strumpffabrikanten 1793. Auch sein Grabstein ist erhalten und steht noch immer am ehemaligen Erbbegräbnis, das im 20. Jahrhundert von der Familie Hentschke erworben wurde (T13).

T04 DER LEBENSWEG EINES OBERLAUSITZER ADLIGEN
Friedrich August Adolph von Gersdorf (23.03.1767–24.11.1838)

Der Grabstein des Friedrich August Adolph von Gersdorf erinnert an den Angehörigen einer traditionsreichen Oberlausitzer Adelsfamilie. Neben der Inschrift trägt er das Familienwappen des Verstorbenen sowie ein geflügeltes Stundenglas als Zeichen der Vergänglichkeit des Lebens. Es ist umgeben von einer Schlange, die sich selbst in den Schwanz beißt – einem Ewigkeitssymbol.

Friedrich August Adolph von Gersdorf wurde am 23. März 1767 in Oppeln bei Löbau geboren. Früh verwaist, erzog ihn der Landesälteste Carl Gottlob von Gersdorf auf Glossen. Nach dem Besuch des Görlitzer Gymnasiums studierte er Jura in Wittenberg. Ab 1788 wurde Gersdorf zum Assessor und ein Jahr später zum Vizerichter am „Hofgericht zu Budissin" berufen. Im Jahr 1795 stieg er zum Landesbestallten und 1804 zu einem der beiden Landesältesten des Bautzener Kreises auf. 1822 wurde er schließlich zum Präsidenten des Kriminal- und Polizeiamtes der Stadt Leipzig, zum Direktor des Leipziger Konsistoriums und zum außerordentlichen landesherrlichen Kommissar der Universität Leipzig berufen. Zwei Jahre darauf erhielt er die Berufung zum Oberamtsregierungspräsidenten in Bautzen. Verheiratet war Friedrich August Adolph von Gersdorf mit Friederike Henriette geb. von Gersdorf, mit der er einen früh verstorbenen Sohn und zwei Töchter hatte. Er war Besitzer verschiedener Rittergüter, etwa des Gutes Döbschke, und verstarb am 24. November 1838 in Bautzen.

EIN REKTOR DES BAUTZENER GYMNASIUMS T05
Carl Gottfried Siebelis (10.10.1769–07.08.1843)

Das Grabmal von Siebelis besteht aus einem breitgelagerten Sockel, an dessen Vorderseite die rankenumkränzte Inschrift angebracht ist und über dem sich ein großes Kreuz erhebt.

Carl Gottfried Siebelis wurde am 10. Oktober 1769 in Naumburg/Saale geboren. Er besuchte die dortige Ratsschule und studierte ab 1788 in Leipzig Theologie, Philologie und Sprachen. Seine erste Anstellung als Lehrer führte ihn 1798 an die Stiftsschule in Zeitz, wo er zugleich zum Konrektor berufen wurde. Sein Freund August Carus riet ihm, sich für die frei gewordene Stelle als Rektor des Bautzener Gymnasiums zu bewerben. Nachdem er diese erhalten hatte, kam er Ende 1803 gemeinsam mit seiner Frau Christiane Juliane Wilhelmine geb. Behr in das ihm nahezu unbekannte Bautzen. Nach dem frühen Tod seiner Frau vermählte er sich im Oktober 1812 mit der aus Dresden stammenden Christiane Frederika Wilhelmine Meißner. Siebelis setzte die von seinem Vorgänger Ludwig Friedrich Gottlob Ernst Gedicke begonnene Erneuerung des Gymnasiums fort, die von einer altsprachlichen und religiösen Bildung hin zu breiteren humanistischen Unterrichtsinhalten führte. Die Anzahl der Lehrer stieg von sechs auf zehn, darunter waren zwei außerordentliche Lehrer für Zeichnen und Turnen. Siebelis war Mitglied der Bautzener Sozietät und der Freimaurerloge „Zur Goldenen Mauer" sowie auch wissenschaftlich tätig. Zwei Jahre nach seiner Emeritierung starb er am 7. August 1843 an Altersschwäche.

T06 IN ERINNERUNG AN DEN ERSTEN BAUTZENER BANKIER

Gustav Eduard Heydemann (getauft 23.12.1792–26.03.1879)

Eine Marmorplatte an der Außenwand der Taucherkirche erinnert an den Bankier Gustav Eduard Heydemann und seine Familie. Geboren wurde Heydemann 1792 als Sohn eines
kursächsischen Leutnants in Pirna. Nach seiner Kaufmannslehre in einer Magdeburger Modewarenhandlung kam er
über Leipzig nach Bautzen und heiratete 1820 Emma Marianne Kummer aus Sorau (poln. Żary). In Bautzen gründete
er zunächst eine Handlung für Modewaren und erweiterte
später das Sortiment um Saatgut und Düngemittel. Außerdem wandte er sich dem aufblühenden Versicherungsge-
schäft zu. Im Dezember 1832 eröffnete er schließlich das
erste Geldinstitut in Bautzen, die „Sparkassen- und Leihan-
stalt Budissin", der er bis 1850 als Direktor vorstand. Dann
übernahm er die Position des Leiters der neu geschaffenen
Spar- und Leihbank-Abteilung der Landständischen Bank.
In dieser Stellung trug er wesentlich zum industriellen Auf-
schwung in der Oberlausitz bei, wobei sein besonderes Interesse dem Eisenbahnbau galt. 1872 übertrug Heydemann
sämtliche Geschäfte an seinen Sohn Rudolf. Im hohen Alter
von 87 Jahren starb er am 26. März 1879. Ihm zu Ehren wurde 1927 eine Straße in der Bautzener Neustadt benannt. Auf
Wunsch ihres verstorbenen Gatten setzte Heydemanns Witwe am 5. April 1894 die Stadt als Erbin ihres Vermögens ein.
Die Zinsen sollten dem Waisenhaus, der Gemeindediakonie
sowie hilfsbedürftigen Witwen, Waisen und unverheirateten
Töchtern von Bautzener Kaufleuten zukommen.

DAS PRACHTVOLLE GRABMAL EINES VERMÖGENDEN KAUFMANNS

Johann Georg Benada d. Ä. (31.08.1661–06.05.1723)

Der Grabstein für Johann Georg Benada d. Ä. gehört zu den herausragenden Beispielen der barocken Bildhauerkunst auf dem Taucherfriedhof. Über einem konvex gewölbten Postament erhebt sich ein hoher, von einem Giebel abgeschlossener Aufsatz. An seiner Vorderseite scheint ein Tuch mit Nägeln angeschlagen zu sein, auf dem die ausführliche Grabinschrift zu finden ist. Es ist zu vermuten, dass der Bildhauer, der dieses aufwendig gestaltete Denkmal schuf, aus dem Umfeld der sächsischen Hofkunst in Dresden stammte. Bis ins frühe 20. Jahrhundert befand es sich noch in der Benada'schen Familiengruft in der östlichen Gruftstraße. Nachdem diese abgebrochen worden war, gelangte es in den 1920er Jahren an seinen heutigen Standort in der Taucherkirche.

Johann Georg Benada d. Ä. wurde am 31. August 1661 als zweiter Sohn der Eheleute Johann und Catharina Benada (T66) geboren. Im Jahr 1691 heiratete er Elisabeth Schultes, aus der Ehe gingen vier Söhne und zwei Töchter hervor. Aus seiner 1718 geschlossenen zweiten Ehe mit Christiane Elisabeth Richter ging eine weitere Tochter hervor. Im Jahr 1695 erwarb Johann Georg d. Ä. das Haus Reichenstraße 29, an dessen Fassade noch heute die Darstellung eines Segelschiffs vom einstigen Kaufmannsstolz zeugt. Nach dem Tod seines Vaters führte er ab 1701 gemeinsam mit seinem Bruder Hans Jakob (T08) dessen Leinwandhandlung fort. Johann Georg Benada d. Ä. starb am 6. Mai 1723 im Alter von 61 Jahren.

T08 EIN BAROCKES GRABMAL FÜR VATER UND SOHN

Hans Jakob Benada (16.12.1660–15.03.1720)
Johann Georg Benada (23.03.1695–25.03.1746)

Wie die anderen Benada'schen Grabmäler auf dem Taucherfriedhof so gelangte auch das für Hans Jakob Benada und seinen Sohn Johann Georg d. J. erst im 20. Jahrhundert aus der früheren Familiengruft an seinen heutigen Standort. Der barocke Grabstein trägt in seinem unteren Teil eine ausführliche Inschrift. Darüber sind vier leere, bekrönte Kartuschen platziert, in denen früher Porträtgemälde der Verstorbenen und ihrer Ehefrauen eingesetzt gewesen sein könnten. Den oberen Abschluss bilden die allegorischen Figuren des Glaubens und der Liebe.

Hans Jakob Benada wurde am 16. Dezember 1660 als Sohn des Bautzener Leinwandhändlers Johann Benada (T66) geboren. Gemeinsam mit seinem Bruder Johann Georg Benada d. Ä. (T07) führte er das väterliche Geschäft fort. Sein Sohn Johann Georg Benada d. J. wurde am 23. März 1695 geboren und heiratete am 23. September 1721 Christiane Katharina geb. Bussiuss aus Schönheiderhammer im Erzgebirge. Aus der Ehe gingen drei Töchter und zwei Söhne hervor. Nachdem seine erste Frau 1737 gestorben war, heiratete Johann Georg 1739 Franziska Sophia Vogel. Diese Ehe blieb kinderlos. Im Jahr 1736 erwarb er das Gut Schmölln bei Bischofswerda und vererbte es später seiner zweitältesten Tochter Johanna Dorothea Matthaei. Seine erstgeborene Tochter Dorothea Hedwig heiratete 1739 seinen Angestellten Johann Christoph Prentzel. Johann Georg Benada d. J. starb am 25. März 1746 auf seinem Gut in Schmölln. Die Leinwandhandlung führte sein Schwiegersohn Prentzel erfolgreich weiter.

MIT BÜCHERN, KELCH UND KRUZIFIX

Heinrich Basilius Zeidler (25.01.1640–15.04.1703)

Seit den 1920er Jahren befindet sich der barocke Grabstein des Geistlichen Heinrich Basilius Zeidler in der Taucherkirche. Das aufwendig gestaltete Sandsteinmonument zeigt mittig einen Altartisch, auf dem Bücher, Kelch und Kruzifix als Attribute des Pfarrers stehen und auch das Familienwappen des Verstorbenen zu finden ist.

Heinrich Basilius Zeidler wurde am 25. Januar 1640 in Bautzen als Sohn des Pastors primarius Johann Zeidler geboren. Da dieser bereits wenige Wochen nach der Geburt des Sohnes verstarb, wurde der Archidiakon Johann Martini sein Ziehvater. Zeidler studierte Theologie in Wittenberg und Leipzig. Danach war er unter anderem als Geistlicher am Straßburger Münster unter dem bekannten Philipp Jacob Spener tätig. Nach seiner Rückkehr nach Bautzen amtierte er zunächst ab 1679 als Pastor secundarius und ab 1702 schließlich als Pastor primarius an St. Petri sowie als Schulinspektor für die evangelische Ratsschule. Am 30. Dezember 1699 hielt Zeidler im Dom eine Predigt zur Einweihungsfeier für das neu geschaffene städtische Waisenhaus. Sein Verdienst war es auch, den talentierten Schüler des Bautzener Gymnasiums, Johann George Schreiber, dazu zu animieren, eine Ansicht der Stadt Bautzen aus der Vogelperspektive zu zeichnen. Diese bedeutende Vedute wurde 1700 in Kupfer gestochen und an den Stadtrat übergeben, eine Aktualisierung erfolgte 1709. Heinrich Basilius Zeidler starb am 15. April 1703 an einem Schlaganfall.

T10   DER TOD WACHT AM GRAB
Andreas Rietschier (27.11.1642–05.02.1711)

In der Nordvorhalle der Taucherkirche steht seit den 1920er Jahren der Grabstein des Andreas Rietschier. Vor allem die Figur des Todes – ein anatomisch detailliert wiedergegebenes Skelett – zeichnet ihn als herausragende Bildhauerarbeit der Barockzeit aus.

Andreas Rietschier wurde am 27. November 1642 in Teschen (heute tschechisch-polnische Doppelstadt Český Těšín/Cieszyn) geboren. Im Jahr 1671 vermählte er sich mit der ebenfalls aus Oberschlesien stammenden Anna Sarkander, aus der Ehe gingen drei Söhne und vier Töchter hervor. Wegen der aufkommenden Gegenreformation flüchtete das Paar schon bald nach der Hochzeit nach Bautzen. Nachdem seine Ehefrau 1683 verstorben war, heiratete Rietschier 1703 Martha Riemer, mit der er zwei Söhne und zwei Töchter hatte. Bereits 1682 hatte er das Bautzener Bürgerrecht erworben und war seit 1684 als Advokat tätig. Im Jahr 1689 kaufte er den Bierhof auf der heutigen Reichenstraße 10. Von 1702 bis zu seinem Tod am 5. Februar 1711 gehörte er dem Ratskollegium an und nahm 1708 für ein Jahr die Amtsgeschäfte des Bürgermeisters wahr. Sein Bildnis ist im Museum Bautzen ausgestellt. Sein Sohn Adam Gottlieb Rietschier heiratete in vierter Ehe Anna Helena Henrici, die der Stadt in ihrem Testament 6.000 Taler zur Errichtung eines Zucht-, Armen-, Arbeits- und Spinnhauses überließ. Daher trägt das Kinderheim auf der Äußeren Lauenstraße heute ihren Namen.

ZWEI BÄUME DES LEBENS
George Ulrich Schultes (04.09.1648–15.02.1696)

Schon von weitem ist die in die westliche Friedhofsmauer eingesetzte Grabplatte des George Ulrich Schultes an den beiden darauf abgebildeten Bäumen zu erkennen. Sie symbolisieren den Baum des Lebens und scheinen aus den halb in der Erde verschwundenen Wappen des Verstorbenen und seiner Gattin emporzuwachsen. Zwischen den Wappenschilden ist ein Schädel als Sinnbild für die Vergänglichkeit des menschlichen Lebens dargestellt. Heute nur noch schwer zu erkennen ist die über dem Schädel platzierte vereinfachte Stadtansicht von Bautzen. George Ulrich Schultes, an den dieser bildreiche Grabstein erinnert, wurde am 4. September 1648 in Liegnitz (poln. Legnica) geboren. Seine berufliche Laufbahn begann er dort als Königlicher Hofgerichtsassessor. Bevor er in Bautzen Landsyndikus des Markgraftums Oberlausitz (Rechtsberater der Landstände) wurde, war er als Syndikus für den Görlitzer Rat tätig. Aus seiner Ehe mit Anna Sophie geb. Bernhard gingen vier Töchter und zwei Söhne hervor. Schultes starb am 15. Februar 1696. Seine Gattin ließ den Grabstein herstellen und darauf die Inschrift anbringen, dass sie ihrem verstorbenen Mann unter Tränen zurufe „Dein Leib ruht hier, dein Geist im Himmel sich ergötzt, dein Hertz bleibt demantfest in mein Hertz eingesetzt." Wie eine weitere, heute verlorene Inschrift berichtete, hatte Schultes ein „unbeflecktes Leben geführt in gewissenhafter Treue und redlicher Ausübung seiner Dienste".

T12 DAS GRABMAL EINES GIESSEREIBESITZERS
Curt Jahn (04.11.1887–21.08.1959)

Das von einem unbekannten Bildhauer in Sandstein gearbeitete Grabmal erinnert an den Bautzener Gießereibesitzer Curt Jahn. Auf dessen Unternehmen weist auch die Figur eines Gießers bei der Arbeit hin, die den oberen Teil des Steins einnimmt.

Curt Jahn wurde am 4. November 1887 in Leipzig-Lindenau geboren. Er schlug die berufliche Laufbahn eines Ingenieurs ein und heiratete 1913 in Leipzig seine Frau Elsa. 1916 kam er nach Bautzen und übernahm hier die 1890 gegründete Eisengießerei Strohbach & Co. auf der Wilthener Straße. Jahn modernisierte das Unternehmen, indem er neue Maschinen anschaffte und neue Werksgebäude errichtete. Die Firma stellte insbesondere Eisengussteile für den Landmaschinenbau her. Nachdem sie nach 1945 noch einige Zeit privat betrieben werden konnte, erfolgte in den 1950er Jahren die Verstaatlichung als Betriebsteil des VEB Kombinat Fortschritt Landmaschinen Neustadt in Sachsen (seit 1978 so benannt). Curt Jahn starb am 21. August 1959 in Bautzen. Nach der deutschen Wiedervereinigung konnte sein Enkelsohn Hendrik-Torsten Schnelle das Unternehmen wieder privatisieren und betrieb es als Gießerei „Curt Jahn" Bautzen GmbH weiter. Allerdings musste er schon bald Insolvenz anmelden. Da die alten Werkshallen daraufhin verfielen, entschied sich die Stadt Bautzen zum Erwerb und Abriss, der 2015 abgeschlossen wurde.

EIN BAUTZENER BAUUNTERNEHMER
Ernst Hans Hentschke (13.05.1910–04.10.1983)

Im 20. Jahrhundert erwarb die Familie Hentschke das frühere Erbbegräbnis Michael Christian Kühnel d. J. An ihre hier bestatteten Familienmitglieder erinnert ein schlichter Grabstein. Der bekannteste von ihnen war der Bauunternehmer Ernst Hans Hentschke. Er wurde am 13. Mai 1910 in Bautzen geboren, erlernte im väterlichen Baubetrieb den Beruf des Maurers und Zimmerers und absolvierte von 1929 bis 1936 ein Ingenieurstudium an der Technischen Hochschule in Stuttgart. Hier heiratete er 1937 auch seine Frau Edith. Nach dem plötzlichen Tod des Vaters übernahm Hentschke noch während seiner Studienzeit den elterlichen Betrieb. Nach Ende des Zweiten Weltkriegs widmete er sich dem Wiederaufbau im stark zerstörten Bautzen, insbesondere der Instandsetzung von Baudenkmälern wie dem Reichenturm. Parallel dazu arbeitete er ab April 1946 als kirchlicher Baupfleger im Amtsratsbezirk Bautzen. In dieser Funktion leitete er auch die Restaurierung des Petridoms und der Taucherkirche in den 1950er Jahren. Nachdem ihm Sabotage bei der Sanierung des Spreebads vorgeworfen worden war, flüchtete er nach West-Berlin, kehrte aber nach Versprechungen seitens der staatlichen Behörden wieder nach Bautzen zurück. Im Jahr 1972 wurde sein Bauunternehmen verstaatlicht. Ernst Hans Hentschke blieb jedoch noch bis 1977 Direktor des nunmehr als VEB (K) Wohnungsbau Bautzen bezeichneten Betriebs. Er starb am 4. Oktober 1983 in Bautzen. Sein Unternehmen wurde 1990 reprivatisiert und unabhängig von der Familie Hentschke als Hentschke Bau GmbH gegründet.

T14 EIN JURIST DER BAROCKZEIT
David Platz (03.12.1623–19.06.1690)

Bei dem in die westliche Friedhofsmauer eingelassenen Grabstein des David Platz ist die umfangreiche Inschrift auf einem zwischen zwei Säulen eingespannten Tuch zu finden. Darüber haben das Familienwappen sowie die Allegorien des Glaubens und der Gerechtigkeit ihren Platz. Letztere verweist auf die Tätigkeit des Verstorbenen als Jurist. Die Figur des Chronos, der antiken Personifizierung der Zeit, die am unteren Rand des Grabsteins an die Endlichkeit des Lebens erinnerte, ist durch Verwitterung teilweise verlorengegangen.

David Platz wurde am 3. Dezember 1623 in Radeburg geboren. Als er neun Jahre alt war, verlor er innerhalb weniger Monate seine fünf Geschwister durch die Pest. Sein Vater schickte ihn auf die Bautzener Ratsschule, die er 1643 abschloss. Danach studierte er zwei Jahre Jura an der Wittenberger Universität und war anschließend als Rechtsanwalt tätig. Im Jahr 1652 heiratete er Rosina Gulisch, mit der er fünf Söhne und drei Töchter hatte. Im Alter von sechzig Jahren trug ihm der Bautzener Rat 1682 das verantwortungsvolle Amt des Stadtrichters an, welches er bis zu seinem Tod am 19. Juni 1690 ausübte. Sein 1656 geborener Sohn Johann Gottlob war später Oberamtskanzler der Oberlausitz und stieg 1703 zum kurfürstlich sächsischen Rat auf. Der 1657 geborene Sohn Christian Gottlieb amtierte im Jahr 1724 als Bautzener Bürgermeister und verfasste zwischen 1690 und 1720 eine 28-bändige Chronik der Stadt Bautzen, die heute im Stadtarchiv aufbewahrt wird.

EINE TRADITIONSREICHE BAUTZENER FAMILIE

Carl Gottlieb Hartmann d. Ä. (22.09.1718–14.11.1767)
Carl Gottlieb Hartmann d. J. (02.11.1749–18.04.1799)

Zu den historischen Erbbegräbnissen an der Außenmauer des Taucherfriedhofs gehört das der Familie Hartmann. Zwei Sandsteinmonumente, die Friedrich Gottlob Hartmann im frühen 19. Jahrhundert aufstellen ließ, erinnern an mehrere ihrer Mitglieder. Eines von ihnen war sein Bruder Carl Gottlieb Hartmann d. J. Er wurde am 2. November 1749 in Bautzen geboren und war hier ab 1787 als Steuereinnehmer tätig. Verheiratet war er seit 1789 mit Rosina Concordia Herrmann, der Tochter eines Papiermachers. Carl Gottlieb d. J. starb am 18. April 1799 mit 49 Jahren. Sein 1751 geborener Bruder Friedrich Gottlob Hartmann war seit 1782 Mitglied des Bautzener Ratskollegiums und von 1787 bis 1804 als Syndikus für die städtischen Rechtsgeschäfte zuständig. Im Jahr 1792 wurde er in den Adelsstand erhoben und erwarb vier Jahre später das Gut Ober-Rengersdorf bei Görlitz. In den Jahren 1804, 1807, 1810 und 1813 – und damit in der für Bautzen und die Oberlausitz schwierigen Zeit der Napoleonischen Kriege – führte er die Amtsgeschäfte als regierender Bürgermeister. Er starb am 13. April 1835. Der Vater von Carl Gottlieb d. J. und Friedrich Gottlob Hartmann war Carl Gottlieb Hartmann d. Ä. Er wurde am 22. September 1718 geboren, war als Jurist in Bautzen tätig und mit Johanna Elisabeth geb. Reich verheiratet. Carl Gottlieb d. Ä. verstarb am 14. November 1767. Auch die an der Wand angebrachten Grabplatten, die aus der ersten Hälfte des 18. Jahrhunderts stammen, erinnern an Vorfahren der Hartmanns.

T16 IN GEDENKEN AN EINEN BAUTZENER CHRONISTEN
Richard Reymann (13.12.1840–13.02.1913)

Eine hohe, steinerne Stele erinnert seit 2002 auf dem alten Teil des Taucherfriedhofs an den Bautzener Chronisten Richard Reymann. Geboren am 13. Dezember 1840 als Sohn des Oberältesten der hiesigen Nagelschmiedeinnung, strebte Reymann nach dem erfolgreichen Abschluss der Bürgerschule einen Besuch des Lehrerseminars an, was ihm aber verwehrt blieb. Daraufhin erlernte er als letzter Geselle der Innung im elterlichen Betrieb den Beruf des Nagelschmieds. Im Dezember 1863 heiratete er Ernestine Wilhelmine Schütze, mit der er vier Kinder hatte. Mit seinem Beruf konnte er seine Familie jedoch nicht ernähren, weil das Nagelschmiedehandwerk von modernen Produktionsweisen abgelöst wurde. Stattdessen bestritt er seinen Lebensunterhalt als Zigarrenwickler und bekam 1893 eine Anstellung bei der städtischen Zollniederlage. Seine besondere Liebe aber galt seit seiner Jugend der Bautzener Stadtgeschichte. Auf Grundlage umfassender Literatur- und Archivstudien verfasste er seine 1902 erschienene „Chronik der Stadt Bautzen", für die ihm aber zumindest zu Lebzeiten die Anerkennung seitens der Wissenschaft verwehrt blieb. Reymann starb am 13. Februar 1913, sein Grab ist nicht erhalten. Daher ließ der Verein Altstadt Bautzen e. V. anlässlich des 100-jährigen Jubiläums der Chronik die Gedenkstele aufstellen. Außerdem erinnert der vom Mühltor zur Ortenburg führende Reymannweg an den Heimatforscher.

FÜR GLAUBE UND GERECHTIGKEIT

Caspar Zeidler (17.09.1608–28.04.1669)

Der Grabstein des Caspar Zeidler ist mit kräftigem Knorpelwerk, einer typischen Zierform des 17. Jahrhunderts, gestaltet. Dazwischen sind links die Allegorie des Glaubens (Fides) und rechts die Allegorie der Gerechtigkeit (Justitia) dargestellt. Ein am oberen Rand mittig platzierter Kranz trägt die Inschrift „Victoria" als Zeichen des Sieges über den Tod.

Caspar Zeidler wurde am 17. September 1608 als Sohn von Paul Zeidler, Handelsmann in Bautzen und Verwalter der Kirche St. Petri, geboren. Seine Schulbildung erhielt er in Bautzen, Magdeburg und Naumburg. Danach studierte er ab 1626 Rechtswissenschaften in Straßburg, später in Jena und Wittenberg. Zurück in Bautzen, war er ab 1637 als Notar tätig und wechselte 1643 als Protonotar (höhergestellter Notar) an das Stadtgericht. Ein Jahr später wurde er Mitglied des Rates, in dem er 1661, 1664 und 1667 das Amt des Bürgermeisters führte. Seine Ehe mit Regina Schneider blieb kinderlos. Zeidler erlebte die Not des Dreißigjährigen Krieges mit, vor allem den schweren Stadtbrand vom 2. Mai 1634 sowie die schwedische Belagerung 1639. Der Pastor primarius Johann Zeidler (1593–1640), der ausführlich über den Stadtbrand in seiner Druckschrift „TABEERA BUDISSINAE oder Budißinische Brand-Stelle" berichtet, war aber nicht sein Bruder, wie mitunter geschrieben wird. Zeidler starb am 28. April 1669 in Bautzen.

T18 EIN FÖRDERER DER SORBISCHEN BILDUNGSKULTUR
Friedrich Adolph Klien, sorb. Bjedrich Adolf Klin
(23.10.1792–04.11.1855)

Das hohe Wandgrabmal erinnerte ursprünglich an die namhafte Bautzener Familie Henrici, die von 1600 bis 1787 vier Bürgermeister stellte. Sein aus den 1720er Jahren stammender barocker Aufbau zeigt die sitzende Gestalt des Chronos sowie die Allegorien des Glaubens und der Hoffnung, deren Köpfe verlorengegangen sind. In den 1850er Jahren erwarb Friedrich Adolph Klien dieses Erbbegräbnis.

Geboren am 23. Oktober 1792 in Baruth, war Klien nach seinem Studium in Leipzig zunächst als Jurist in Bautzen tätig und trat 1822 schließlich in städtische Dienste. Im Jahr 1823 heiratete er Friederika Leonhardi, die Tochter des Leipziger Universitätsprofessors Friedrich Gottlob Leonhardi. Nach der Einführung der Allgemeinen Städteordnung gehörte Klien dem ersten frei gewählten Bautzener Stadtrat an und hatte seit Juni 1832 das Amt eines besoldeten juristischen Stadtrats inne. Seit 1833 war er auch Mitglied der Zweiten Kammer des sächsischen Landtags. Er setzte sich erfolgreich dafür ein, dass in das 1835 veröffentlichte Schulgesetz ein Paragraf aufgenommen wurde, der in den von Sorben besuchten Volksschulen sorbischen Religions- und Leseunterricht ermöglichte. Seine prosorbische Haltung wurde durch seinen Freund, den Pfarrer Andreas Lubensky (T62), gefördert. Folgerichtig beteiligte sich Klien auch an der Gründung des Vereins Maćica Serbska, dessen Vorsitzender er 1847 wurde. Er starb am 4. November 1855 in Bautzen und wurde drei Tage später unter großer Anteilnahme beigesetzt.

Text übernommen aus Sächsische Biografie, hg. vom Institut für Sächsische Geschichte und Volkskunde e. V., Autor: Peter Kunze

EIN KÜNSTLER DER ROMANTIK AUS BAUTZEN T19

August Emil Theodor Gotthardt Heino (22.07.1847–14.06.1917)

An der Wand eines früheren Erbbegräbnisses erinnert eine Grabplatte an den Bautzener Maler August Heino. Er wurde am 22. Juli 1847 als Sohn eines Drechslermeisters geboren. Nach dem Schulbesuch, bei dem sein Zeichenlehrer Friedrich von Gersheim offenbar sein Talent entdeckte, begann er im April 1865 ein Studium an der Dresdener Kunstakademie. Dieses führte er bis Ende 1874 als Meisterschüler des bekannten Landschaftsmalers Adrian Ludwig Richter fort. Dessen Malweise sowie seine auf Reisen nach Böhmen, Italien, Frankreich und Spanien gewonnenen Eindrücke prägten das Schaffen von Heino, der von 1871 bis 1890 regelmäßig an Ausstellungen in Dresden beteiligt war. Ab 1875 lebte er wieder in Bautzen, wo er mit seiner Kunst jedoch nur schwer ein Auskommen fand. Neben der Malerei begeisterte er sich auch für die Geschichte der Oberlausitz, insbesondere für die Burgwälle der Umgebung. Nahezu erblindet, vereinsamt, verarmt und als Künstler fast vergessen, starb Heino am 14. Juni 1917 in Bautzen. Die erste Würdigung seines Schaffens fand 1921 im Rahmen einer Ausstellung des Bautzener Kunstvereins statt, 1937 veranstaltete das Bautzener Museum eine Ausstellung mit Farbskizzen und Zeichnungen. Heute befinden sich circa 80 Arbeiten aus seinem künstlerischen Nachlass im Museum, die Landschaften aus der Bautzener Umgebung, aber auch Porträts und Illustrationen zu Märchen zeigen. Seit 1933 trägt eine Straße im Norden von Bautzen seinen Namen.

T20 EIN BAUTZENER BILDCHRONIST
Kurt Arno Lehnert (10.12.1882–02.07.1956)

Arno Lehnert, an den das aus Sandstein gearbeitete Grabmal erinnert, wurde am 10. Dezember 1882 in Bernsdorf bei Chemnitz geboren. Er erlernte den Beruf eines Buchhalters, interessierte sich aber schon frühzeitig für die Fotografie. Im Jahr 1910 heiratete er in Chemnitz seine Frau Charlotte geb. Wildenhain. Nach dem Ende des Ersten Weltkriegs musste sich Lehnert beruflich neu orientieren und brachte sich die Fotografie im Selbststudium bei. Zum 1. Januar 1919 übernahm er das Atelier des Bautzener Fotografen Emil Richard Huth in der Wendischen Straße 13. Anfangs betrieb er auch noch die vom Vorgänger eingerichtete Kunsthandlung weiter. Seine Geschäftstüchtigkeit und seine kreativen Ideen, mit denen er sich eine weite Kundschaft aufbaute, ließen sein Atelier zu einem der bedeutendsten in der Oberlausitz werden. So hielt er 1933 auch den Festumzug zur Jahrtausendfeier der Stadt Bautzen auf Schmalfilm fest. Während des Zweiten Weltkriegs erlebte er mit dem Verlust seiner beiden Söhne schwere Schicksalsschläge. Am 18. April 1945 verließ Lehnert mit seiner Familie die Stadt vor der herannahenden Front. Als er kurz darauf allein zurückkehrte, dokumentierte er in eindrücklichen Aufnahmen die immensen Kriegszerstörungen sowie die zahlreichen Toten in den Straßen von Bautzen. Arno Lehnert starb am 2. Juli 1956. Sein Atelier wurde anschließend vom Foto-Dienst der staatlichen Handelsorganisation (HO) übernommen.

EIN ERFOLGREICHER UNTERNEHMER
DER GRÜNDERZEIT

Johann Samuel Friedrich Petzold (29.03.1801–16.06.1862)

Das stark verwitterte Sandsteingrabmal aus dem 18. Jahrhundert erinnert an die Bautzener Unternehmerfamilie Petzold. Einer ihrer Angehörigen war Johann Samuel Friedrich Petzold, der am 29. März 1801 als erstes Kind von Samuel Gotthelf Petzold, dem Besitzer der Bautzener Drahtmühle, und seiner Frau Maria geboren wurde. Mit 23 Jahren heiratete Petzold Christiana Eleonora Schönfelder, aus der Ehe gingen sechs Kinder hervor. Nach dem Tod seiner Ehefrau heiratete er noch zweimal, jedoch blieben diese beiden Ehen kinderlos. Petzold lernte den Beruf des Drahtziehers und übernahm die elterliche Mühle, die er zu einem Eisenhammerwerk ausbaute. Im Jahr 1830 kandidiert er bei der Wahl der „Kommunrepräsentanten", die als Vorgänger für die 1832 eingeführten Stadtverordneten anzusehen sind. Im Herbst 1833 wirkte er bei der Gründung des Bautzener Gewerbevereins mit, der sich um die Ansiedlung eines Maschinenbauunternehmens im Spreetal südlich der Stadt bemühte, um die hier vorhandene Wasserkraft zu nutzen. Gemeinsam mit dem Techniker August Centner eröffnete Petzold am 17. November 1846 an dieser Stelle eine neue Fabrik, die „Eisengießerei und Maschinenwerkstatt Petzold & Centner". Aus ihr entwickelte sich durch vielfache Umstrukturierungen und Umfirmierungen der spätere Waggonbau Bautzen, heute ein Betriebsteil der ALSTOM Transport Deutschland GmbH. Johann Samuel Friedrich Petzold starb am 16. Juni 1862 in Bautzen.

T22   AUS DEM LEBEN EINES BÜRGERMEISTERS
Caspar Hübsch (10.09.1582–26.07.1643)

Zwei mit Weinranken umwundene und von Engelsköpfen bekrönte Säulen fassen die mit Lorbeer umkränzte Inschrift auf dem Grabstein des Caspar Hübsch ein. Unterhalb der Inschriftenkartusche verweisen ein Schädel und eine Sanduhr auf die Vergänglichkeit des Lebens. Die darüber platzierte Krone hingegen ist ein Hinweis auf die Krone des Lebens. Das diese Bildelemente zum Standardrepertoire auf Grabsteinen jener Zeit gehörten, zeigen die beiden benachbarten, sehr ähnlich gestalteten Monumente.

Caspar Hübsch wurde am 10. September 1582 in Bautzen geboren. Er war Jurist und seit 1617 Mitglied des Rates (ab 1625 Kämmerer, ab 1626 Oberkämmerer). In seinem ersten Jahr als Bürgermeister musste er miterleben, wie Bautzen durch den Stadtbrand vom 2. Mai 1634 in Schutt und Asche fiel. Das Bürgermeisteramt hatte er in den Jahren 1637, 1639 und 1641 erneut inne. Hübsch war zweimal verheiratet. Aus seiner ersten Ehe mit Martha Kruschwitz gingen ein Sohn und zwei Töchter hervor, aus seiner zweiten Ehe mit Dorothea Schmeiß eine Tochter. 1613 ersteigerte Hübsch gemeinsam mit August Schönborn das Gut Niederkaina. Es blieb lange Zeit im Besitz der Familie, bis Martha Katharina Sahrer von Sahr geb. Hübsch, eine Urenkelin des Caspar Hübsch, es 1781 an die Stadt Bautzen verkaufte. Caspar Hübsch verstarb am 26. Juli 1643 in Bautzen. Sein von Matthäus Crocinus gemaltes Bildnis ist im Museum Bautzen ausgestellt.

EIN PIONIER DER SCHUTZIMPFUNG

Johann Friedrich Probst (07.03.1716–06.03.1793)

Das Probst'sche Erbbegräbnis ist ein frühes Zeugnis für die Kunst des Klassizismus auf dem Taucherfriedhof. Bedeutend ist vor allem die in eine Nische eingestellte, aus Sandstein gearbeitete Urne. Inspiriert von antiken Vorbildern zeigt sie an ihrer Vorderseite den Heros Herkules, der sich auf seine schlangenumwundene Keule stützt. Auch um den Fuß der Urne scheint eine Schlange zu kriechen.

Johann Friedrich Probst wurde am 7. März 1716 in Bautzen geboren. Nach dem frühen Tod seines Vaters, des Pächters der Frankenstein'schen Mühle, zog er zu seinem Bruder Martin, der als Apotheker in London tätig war. An der Universität Oxford studierte Johann Friedrich Probst Medizin und praktizierte anschließend als Arzt in London. Um 1751 kehrte Probst nach Bautzen zurück und ließ sich hier als Arzt nieder. Während seiner Zeit in England hatte er sich Kenntnisse über die Blattern- und Pockenimpfung erworben, die er nun in der Oberlausitz anwendete. Davon erfuhr auch das sächsische Herrscherhaus, das ihn 1781 beauftragte, Familienangehörige (u. a. den sächsischen Kurfürsten Friedrich August III.) zu impfen. Ein Jahr später impfte Probst 300 Kinder gegen die Blattern, von denen keines erkrankte. Damit wandte er die Schutzimpfung bereits 15 Jahre früher an als der englische Arzt Edward Jenner, dem die Entwicklung der modernen Pockenimpfung zugeschrieben wird. Probst starb am 6. März 1793 ohne Nachfahren in Bautzen. Sein Vermögen stiftete er zum Unterhalt des sogenannten Neuhauses sowie des Waisenhauses und des Männerhospitals.

T24 EINE BAUTZENER FAMILIE DES 19. JAHRHUNDERTS

Johann George Jacob (06.01.1777–03.06.1832)
Anna Jacob geb. Richter (07.06.1777–07.02.1851)
Gustav Adolf Jacob (05.12.1815–27.02.1889)
Ernst Traugott Jacob, sorb. Arnošt Bohuwěr Jakub
(16.02.1800–04.02.1854)
Johann Jacob, sorb. Jan Bohuwěr Jakub
(28.07.1849–28.04.1913)

Das Erbbegräbnis, das aus mehreren Grabsteinen und -platten besteht, erinnert an die Mitglieder der Bautzener Familie Jacob (sorb. Jakub). Ihre Ursprünge liegen in der 1797 geschlossenen Ehe von Johann George Jacob und Anna Richter. Aus ihr gingen neun Kinder hervor, von denen einige stadtgeschichtliche bzw. überregionale Bedeutung erlangten. Der 1815 geborene Sohn Gustav Adolf Jacob bereiste ganz Europa und den Orient. Als Notar vollstreckte er das Testament von Dr. Friedrich Karl Gustav Stieber, der mit seinem der Stadt vererbten Vermögen einen wichtigen Grundstein für das Bautzener Museum legte. Der bereits im Jahr 1800 geborene Sohn Ernst Traugott Jacob wählte den Beruf des Geistlichen und war zunächst als Diakon in Neschwitz und dann bis zu seinem Tod 1854 als Pfarrer an der Bautzener Michaeliskirche tätig. Außerdem gehörte er 1847 zu den Mitbegründern der Maćica Serbska, heute der älteste noch existierende sorbische Verein. Sein 1849 geborener Sohn Johann studierte ebenfalls Theologie und unterrichtete ab 1874 am Königlichen Gymnasium in Dresden, an dem die Kinder des sächsischen Adels lernten. Zu seinen Schülern gehörte auch der Schriftsteller Arnold Friedrich Vieth von Golßenau, besser bekannt unter seinem Pseudonym Ludwig Renn, der jedoch keine sonderlich guten Erinnerungen an ihn hatte. Später wurde Johann Jacob zum Erzieher der sächsischen Prinzen berufen. Als er 1913 starb, nahm sein früherer Schüler König Friedrich August III. an der Trauerfeier teil.

ZWEI ORGELPFEIFEN FÜR EINEN ORGANISTEN T25
Otto Heil (02.05.1865–23.02.1923)

Das Grabmal für Otto Heil liegt etwas versteckt unter einem Baum. Seine Inschriftentafel sowie die beiden Plastiken, die großen Orgelpfeifen nachempfunden sind, bestehen aus gebranntem Ton. Der Name des Künstlers, der dieses besondere Grabmal schuf, ist nicht überliefert.

Otto Heil wurde am 2. Mai 1865 in Grimma geboren. Nach dem Besuch des dortigen Seminars, das eine intensive musikalische Erziehung pflegte, wurde er Bürgerschullehrer in seinem Heimatort. Im Jahr 1891 gab er das Lehramt auf, um sich ganz der Musik zu widmen. Im Folgejahr heiratete er Anna Maria Rost, mit der er vier Kinder hatte. Für seine musikalische Ausbildung besuchte er das königliche Konservatorium in Dresden, die heutige Hochschule für Musik Carl Maria von Weber. Nach dem Ende seines Musikstudiums blieb Heil als Lehrer für Klavier, Orgel und Chorgesang am Konservatorium und wirkte zugleich als Konzertorganist an der Dresdener Frauenkirche. Auf eine Empfehlung hin kam er im Jahr 1901 nach Bautzen und erhielt eine Anstellung als Oberlehrer am Landständischen Seminar. Dort diente ihm die heute in der Taucherkirche aufgestellte Orgel als Lehr- und Übungsinstrument. Zusätzlich zu seiner Lehrtätigkeit übernahm er ab April 1903 das Amt des Organisten am Dom St. Petri, dass er bis zu seinem Tod am 23. Februar 1923 innehatte. Für seine Verdienste war Heil 1914 mit dem Titel Königlicher Musikdirektor geehrt worden.

T26   WIE EIN FEST VERWURZELTER BAUM
Wolf Reinhard von Hartitzsch (04.06.1718–30.08.1794)

Zu den originellsten Grabmälern auf dem Taucherfriedhof gehört das für Wolf Reinhard von Hartitzsch und seine Gemahlin. Entstanden in der ersten Hälfte der 1790er Jahre, ist es in Form eines naturalistisch nachgebildeten Baumstamms gestaltet. Über seinem Wurzelgeflecht sind die Wappen der beiden Verstorbenen sowie zwei Inschriftentafeln angebracht.

Wolf Reinhard von Hartitzsch wurde 1718 im südöstlich von Freiberg gelegenen Pretzschendorf geboren. Er stammte aus einem dort ansässigen Adelsgeschlecht und erbte das Obere Gut von Pretzschendorf. Im Jahr 1740 trat er als Premierleutnant in den Dienst des sächsischen Kurfürsten und nahm an mehreren Feldzügen teil, bei denen er viermal verwundet wurde. Sechs Jahre später heiratete er Christiane Henriette aus der sächsischen Adelsfamilie von Holleuffer. Mit ihr hatte er zwei Kinder, die aber früh starben. Im Jahr 1778 wurde er Kommandeur beim Sächsischen Grenadierregiment; 1788 erfolgte seine Beförderung zum Generalmajor. Ab diesem Zeitpunkt war er Befehlshaber des sächsischen Infanterieregiments „von Thile", das auch in Städten der Oberlausitz stationiert war. Dadurch ist sein Grabmal auch ein Zeugnis für die bis ins 18. Jahrhundert zurückreichende Tradition Bautzens als Garnisonsstandort. Wolf Reinhard von Hartitzsch starb am 30. August 1794 in Bautzen und wurde mit militärischen Ehren beigesetzt. Seine Frau war bereits am 2. März 1793 verstorben.

EIN KREUZ AUS EISEN

Johann Andreas Zwiefel, auch Zwiebel (01.1751–25.07.1814)

Das Grabmal für Johann Andreas Zwiefel, in der Überlieferung ist auch oft der Name Zwiebel genannt, gehört zu den wenigen Beispielen für die Technik des Eisenkunstgusses auf dem Taucherfriedhof. Sie war vor allem während der Befreiungskriege 1813 bis 1815 beliebt, als Gusseisen zum Symbol für den gesamtdeutschen Patriotismus wurde, der in dem Spruch „Gold gab ich für Eisen" bzw. der Stiftung des Ordens des Eisernen Kreuzes seine bekanntesten Ausdrucksformen fand. In der Oberlausitz gab es mehrere Eisengießereien, in denen solche Grabkreuze hergestellt wurden, etwa in Bernsdorf bei Kamenz. Allerdings sind gusseiserne Grabmäler heute nur noch selten erhalten, da sie in späterer Zeit oft der Einschmelzung zum Opfer fielen.

Johann Andreas Zwiefel wurde im Januar 1751 als Sohn des Zimmerers Johann Zwiefel geboren. Als Zimmergeselle beantragte er am 14. April 1783 beim Bautzener Stadtrat das Bürgerrecht. Später war er als Zimmermeister und Obermeister der Bautzener Zimmererzunft tätig. Am 25. Juli 1814 verstarb er an Entkräftung.

Aus der Ehe Johann Andreas Zwiefels gingen vier Töchter und der Sohn Johann Traugott (30.03.1790–05.08.1861) hervor. Dieser wirkte als Ratsbaumeister in Bautzen und war unter anderem für den Neubau der Bürgerschule am Wendischen Graben verantwortlich. Außerdem gehörte er bis 1860 der ersten frei gewählten Stadtverordnetenversammlung an, die sich nach der Verabschiedung der Allgemeinen Städteordnung im Königreich Sachsen 1832 konstituiert hatte.

T28 EIN BAUTZENER DRUCKER UND VERLEGER
Georg Gotthold Monse (02.01.1751–12.10.1811)

Das klassizistische Grabmal für Georg Gotthold Monse besteht aus einem hochrechteckigen Sockel, auf dem eine antikisierende Urne steht. Auf der Rückseite ist das Relief einer auf Papierballen sitzenden Frau dargestellt, das auf den Beruf des Verstorbenen verweist.

Georg Gotthold Monse wurde am 2. Januar 1751 in Fischbach (poln. Karpniki) geboren. Die Lehre zum Buchdrucker absolvierte er in der Werkstatt des Bautzener Druckereibesitzers Scholze. Nach dessen Tod führte er die Werkstatt ab 1774 gemeinsam mit der Witwe Johanne Eleonore Scholze fort, die gleichzeitig seine Tante mütterlicherseits war. Am 4. September 1795 heiratete er Christine Magdalene, verw. Berger; die Ehe blieb kinderlos. In der gemeinsam mit seiner Tante geführten Druckerei entstanden ab Januar 1782 die „Budissinischen wöchentlichen Nachrichten", aus denen später die „Budissinischen Nachrichten" (1809–1827), die „Budissiner Nachrichten" (1828–1868) und schließlich die „Bautzener Nachrichten" (1868–1934) hervorgingen. Georg Gotthold Monse war auch literarisch tätig. So veröffentlichte er 1798 unter dem Titel „Früchte meiner freien Stunden" Gedichte und Prosa aus der eigenen Feder. Im Gedicht „An Budissin" wird seine Liebe zur Stadt deutlich, in der er sein Leben maßgeblich verbrachte. Nach seinem Tod am 12. Oktober 1811 wurde die Druckerei von Erben aus der Familie Monse weitergeführt.

EIN BAUTZENER CHRONIST
Karl Friedrich Techell (06.01.1759–14.01.1846)

Das Grabmal für Karl Friedrich Techell ist ein Beispiel für die Friedhofskunst des Klassizismus. Während auf der einen Seite des Monuments die Inschrift zu finden ist, zeigt die andere Seite die Reliefdarstellung eines knienden Pilgers mit niedergelegtem Stab. Vor ihm aufgeschlagen liegt ein Buch mit dem Schriftzug „Chronik Budissin" als Verweis auf Techells Werk.

Karl Friedrich Techell wurde am 6. Januar 1759 in Bautzen geboren. In der väterlichen Werkstatt erlernte er das Kupferschmiedehandwerk und übernahm 1787 das Geschäft. Er war dreimal verheiratet und hatte aus diesen Ehen vier Kinder. Neben seiner Tätigkeit als Kupferschmied und Ältester der Innung bekleidete er mit hohem sozialem Engagement viele Ehrenämter. So war er Kurator des Waisenhauses und Gründungsmitglied des „Vereins zu Rat und Tat", der sich das Ziel gesetzt hatte, die Sozialfürsorge zu verbessern. Seine große Leidenschaft galt jedoch der Bautzener Stadtgeschichte. Von 1818 bis zu seinem Tod am 14. Januar 1846 erstellte er eine 15 Bände umfassende Chronik. In den ersten sechs Bänden enthält sie die Geschichte von Anbeginn bis zum Jahr 1800, ab dem siebenten Band schrieb Techell die Ereignisse, die er als Zeitzeuge erlebt hatte, nieder. Bis um 1870 befand sich die Chronik im Besitz der Familie. Dann verloren sich ihre Spuren, bis sie 2006 im Rahmen einer Auktion wiederauftauchte. Allerdings konnte sie die Stadt Bautzen wegen fehlender finanzieller Mittel zunächst nicht erwerben. Vielmehr ging sie an die Johannes a Lasco Bibliothek in Emden, die sie jedoch einige Jahre darauf wieder abgeben wollte. Mit Hilfe der Volksbank Bautzen gelang nun der Ankauf. Zudem finanzierte die Volksbank anteilig die Restaurierung und Digitalisierung der Chronik sowie die Restaurierung des Grabmals, das seit Juli 2014 in neuem Glanz erstrahlt.

T30 EIN DEUTSCH-SORBISCHER MALER IN ITALIEN
Georg Heine, sorb. Jurij Hajna (11.09.1877–06.09.1952)

Der Maler Georg Heine wurde am 11. September 1877 als Sohn der späteren Eheleute Anna Müller und August Heine im Bautzener „Hexenhäuschen" geboren. Nach der Schule begann er eine Ausbildung zum Lithografen bei der Bautzener Firma Weigang. Daran schloss sich eine akademische Ausbildung an der Zeichenakademie in Hanau, der Dresdener Kunstgewerbeschule sowie der dortigen Kunstakademie als Schüler von Robert Sterl und Hermann Prell an. Nach dem Ersten Weltkrieg bezog er ein Atelier in Bautzen, wurde Mitglied des Lausitzer Künstlerbundes und gehörte 1923 zu den Mitbegründern des ersten sorbischen Kunstvereins. Zeitlebens malte Heine Bildnisse und Landschaften, insbesondere Motive aus Bautzen und Umgebung. Ein Stipendium der Dresdener Kunstakademie gab ihm die Gelegenheit zu einem langjährigen Aufenthalt in Italien, während dem er unter anderem ein Porträt des Papstes Pius XI. malte. Dort lernte er auch seine Frau Bernardina Laura Fausti kennen, die er in Rom heiratete und mit der er eine Tochter hatte. Die Verbindung zu Bautzen blieb aber bestehen, und Heine siedelte um 1930 wieder hierher um, Frau und Tochter folgten später nach. 1933 konnte er zum zweiten Mal nach 1919 sein Wirken in einer Einzelausstellung im Stadtmuseum präsentieren. Nach 1945 war er Mitglied des neu gegründeten Arbeitskreises Sorbischer Bildender Künstler und beteiligte sich 1949 an der Zweiten Deutschen Kunstausstellung in Dresden. Heine verstarb am 6. September 1952.

EIN LEBEN FÜR DIE MUSIK
Martin Bauer (20.04.1898–12.10.1963)

Martin Bauer wurde am 20. April 1898 in Jonsdorf bei Zittau als viertes Kind des Oberlehrers und Kantors Reinhold Bauer geboren. Musikalisch interessiert, unterstützte er seinen Vater bereits als Zehnjähriger während der Gottesdienste mit eigenem Orgelspiel. Von 1912 bis 1917 besuchte er das Landständische Lehrerseminar in Bautzen. Wegen des Ausbruchs des Ersten Weltkriegs und seiner Einberufung zum Militär konnte Bauer sein Lehrerstudium mit erweiterter Ausbildung im Fach Musik erst 1921 abschließen. Unmittelbar danach war er bis 1924 als stellvertretender Organist an der Ev.-luth. Kirche St. Petri in Bautzen tätig und leitete die Kantorei der Maria-Martha-Kirche sowie verschiedene Chöre in der Stadt. Außerdem arbeitete er bis 1945 als Lehrer an der Bautzener Lessingschule. Nach dem Ende des Zweiten Weltkriegs konnte Bauer sein bisheriges Ehrenamt als Kantor hauptberuflich ausüben. Er leitete verschiedene Laienmusikgruppen in Bautzen, aus denen unter anderem der heutige Schubertchor hervorging. Im Jahr 1951 musste er sein Amt jedoch abgeben, da er zum Domkantor an St. Petri und zum Kirchenmusikdirektor berufen worden war. Zu den Höhepunkten seines musikalischen Wirkens gehörten die Aufführungen der Neunten Sinfonie von Ludwig van Beethoven sowie von Werken Joseph Haydns, Wolfgang Amadeus Mozarts oder Franz Schuberts mit der Staatskapelle Dresden. Martin Bauer starb am 12. Oktober 1963.

T32 IN GEDENKEN AN EINEN ARZT DER BAROCKZEIT

Johann Gottlob Pannach (25.09.1713–23.09.1752)

Der Grabstein für Johann Gottlob Pannach ist ein Zeugnis der barocken Bildhauerkunst auf dem Taucherfriedhof: Über einem geschwungenen Postament erhebt sich ein Obelisk, vor dem zwei große Inschriftenkartuschen platziert sind. Sie werden scheinbar von zwei Putten gehalten. Eine frühere Bekrönung, durch die das Denkmal ursprünglich eine Höhe von rund 180 Zentimetern erreichte, ist schon vor langer Zeit verlorengegangen.

Pannach wurde am 25. September 1713 als Sohn des Arztes Dr. Johann Pannach in Bautzen geboren. Das Grabmal seines Vaters befand sich an der Nordseite der Taucherkirche. Johann Gottlob Pannach schlug ebenfalls die Laufbahn eines Mediziners ein. Im März 1740 heiratete er Susanne Magdalene Schramm, mit der er vier Kinder hatte. In zweiter Ehe war er seit Oktober 1748 mit Christiane Elisabeth Henrici, der Witwe des Bautzener Protonotars Caspar Christian Henrici, verheiratet. Nach dem Stadtbrand von 1720 hatte sein Vater das Grundstück an der Ecke von Innerer Lauenstraße und Heringstraße erworben und darauf ein repräsentatives Wohn- und Geschäftshaus errichten lassen. Weil es angeblich 12 Schornsteine, 52 Zimmer und 365 Fenster besitzen soll, wird es bis heute auch als „Jahreshaus" bezeichnet. Noch zu Lebzeiten von Johann Gottlob Pannach diente es dem preußischen König Friedrich II. als Reisequartier. Später übernachteten hier der französische Kaiser Napoleon sowie der russische Zar Alexander I. Johann Gottlob Pannach starb am 23. September 1752. Von seinen Kindern überlebte ihn nur sein Sohn Johann Gottlieb Pannach, der als Kauf- und Handelsmann in Bautzen tätig war.

BUCH UND LORBEERZWEIG FÜR EINEN PFARRER
Carl Christoph Nestler (13.06.1740–19.02.1804)

Das Grabmal für Carl Christoph Nestler ist ein interessantes Zeugnis der Bildhauerkunst des frühen 19. Jahrhunderts. Auf einem geschwungenen Postament, über das ein Tuch drapiert ist, steht die hochrechteckige Inschriftentafel. Auf dieser liegen ein aufgeschlagenes Buch und ein Lorbeerzweig als Verweise auf den hier Bestatteten.

Carl Christoph Nestler wurde am 13. Juni 1740 als Sohn eines Pfarrers in Weinböhla geboren. Nach dem Besuch der Kreuzschule in Dresden und der Landschule in Meißen studierte er Philosophie an der Leipziger Universität. Im Jahr 1762 wurde er Vesperprediger an der dortigen Universitätskirche St. Pauli, zwei Jahre später kam er als Pfarrer nach Rammenau. Der Bautzener Magistrat wählte ihn 1770 zum Prediger an der hiesigen Maria-Martha-Kirche, zwei Jahre später wechselte er in das Diakonat von St. Petri. Am 15. November 1774 heiratete Nestler Christiane Henriette Luja, mit der er einen früh verstorbenen Sohn und eine Tochter hatte. Im Jahr 1784 wurde er Archidiakon, 1786 Pastor secundarius und Mittagsprediger. Die höchste Stufe der evangelischen Amtsträger in Bautzen erlangte er als Pastor primarius der Kirche St. Petri im Jahr 1800. Mit diesem Amt war er gleichzeitig Inspektor aller evangelischen Kirchen und Schulen in Bautzen. Er hielt zahlreiche Trauerreden für bedeutende Einwohner der Stadt, unter anderem für Johann Christoph Prentzel (T46) und dessen Ehefrau. Nestler starb am 19. Februar 1804 an einem Schlaganfall.

T34 EIN EHEPAAR IN ANBETUNG DES GEKREUZIGTEN
Bartholomäus Petzelt (1558–10.01.1642)

Der in die Außenwand des Beinhauses eingelassene Grabstein für Bartholomäus Petzelt und seine Gemahlin Margaretha zeigt beide, wie sie auf Kissen knien und den Gekreuzigten anbeten. Darüber ist auf einem Schriftband ein Zitat aus dem Johannesevangelium zu lesen: „Das Blut Jesu Christi des Sohnes Gottes machet uns rein von allen Sünden". Eine im unteren Teil der Steinplatte platzierte Inschrift berichtet aus dem Leben des Ehepaares. In dieser Form ist der Petzelt'sche Grabstein ein typisches Beispiel für die frühneuzeitliche protestantische Begräbniskultur. Entstanden während des Dreißigjährigen Krieges, belegt sein figürlicher Schmuck zudem, dass in Bautzen trotz aller Kriegsnot zu dieser Zeit auch Bildhauer ansässig waren.

Bartholomäus Petzelt wurde 1558 geboren und starb am 10. Januar 1642 im – für damalige Verhältnisse hohen – Alter von 83 Jahren. Aus seiner 41 Jahre währenden Ehe gingen drei Söhne und zwei Töchter hervor. Der Grabstein berichtet auch, dass Petzelt 20 Enkelkinder hatte. Darüber hinaus ist über seine Biografie aber nur das wenige bekannt, was aus der Inschrift hervorgeht. So amtierte er 26 Jahre lang als Verwalter der Taucherkirche und des Taucherhospitals. In dieser Funktion kümmerte er sich unter anderem um die Beseitigung der Schäden, die das Gotteshaus während der sächsischen Belagerung im Herbst 1620 erlitten hatte. Allerdings musste er auch erleben, wie die Taucherkirche durch schwedische Soldaten 1639 erneut verwüstet wurde.

EIN BEDEUTENDER MEDIZINER UND BOTANIKER

Johannes Franke (01.01.1540–12.04.1617)

Eine Sandsteinplatte, die heute in einen Bogen an der Außenseite des Beinhauses eingesetzt ist, erinnert an den bedeutenden Botaniker Johannes Franke. Geboren am 1. Januar 1540 in Hildesheim, kam er mit zwölf Jahren nach Schlesien, wo er die Schulen in Grünberg (poln. Zielona Góra) und Goldberg (poln. Złotoryja) besuchte. Anschließend studierte er Medizin in Frankfurt/Oder, Wittenberg, Straßburg, Basel und Paris. Danach war Franke zunächst als Leibarzt am Hof von Fürst Joachim Ernst von Anhalt-Zerbst tätig. Im Jahr 1581 erhielt er dann eine Anstellung als Stadtarzt in Kamenz. Nach einem Zerwürfnis mit dem dortigen Rat wechselte er 1600 auf die vakante Stelle des Stadtarztes nach Bautzen. Neben seiner praktischen Tätigkeit bezog er Stellung zu medizinischen Streitfragen und war auch literarisch aktiv. Einige seiner Arbeiten zur Geschichte der Oberlausitz sind leider verschollen. Erhalten blieb sein Hauptwerk, der 1594 in Bautzen erschienene „Hortus Lusatiae", eines der frühesten botanischen Werke Mitteleuropas. Darin verzeichnete Franke alle ihm bekannten Wild- und Gartenpflanzen sowie die Kulturgewächse der Lausitz, wobei er die Namen nicht nur in Latein, sondern teilweise auch in sorbischer Sprache angab. Franke starb am 12. April 1617 und wurde in Bautzen als überregional bekannter Arzt, Botaniker, Historiker und Humanist bestattet.

T36 AUS DEM LEBEN EINES MALERS
Matthäus Crocinus (1580–04.01.1654)

In einen der Bögen an der Außenseite des alten Beinhauses ist der Grabstein des Malers Matthäus Crocinus eingesetzt. Eine ausführliche Inschrift, die die schlichte Steinplatte fast vollständig bedeckt, erzählt aus seiner Biografie. Darunter ist das in der Frühen Neuzeit verbreitete Wappen der Maler platziert, ein Ehrenzeichen für die in Zünften organisierten Künstler, das in ganz Mitteleuropa verwendet wurde. Matthäus Crocinus (tschechisch: Matyaš Šafránek) wurde 1580 im böhmischen Schlan (tschech. Slaný) geboren. Während des Dreißigjährigen Krieges kam er als Glaubensflüchtling zunächst nach Pirna. Als Nachfolger des ebenfalls aus Schlan emigrierten Malers Adam Lämmel (tschech.: Adam Beránek) trat er 1637 in den Dienst des Bautzener Rates. Seine erste nachweisbare Arbeit ist ein für die Ausstattung des Rathauses gemaltes Bildnis des sächsischen Kurfürsten Johann Georg I. Ebenfalls für das Rathaus malte er 1637/38 eine großformatige Ansicht der Stadt Bautzen, wie sie vor dem Stadtbrand von 1634 ausgesehen hatte. Darüber hinaus schuf er noch eine kleinere Ansicht, die den verheerenden Stadtbrand von 1634 zeigt. Beide Gemälde befinden sich heute im Museum Bautzen. Crocinus starb am 4. Januar 1654 in Bautzen. Sein Grabstein entstand aber vermutlich erst einige Jahre nach seinem Tod, denn die darauf angegebenen Lebensdaten stimmen nicht mit den Eintragungen in den Kirchenbüchern überein.

DAS GRABMAL EINES GASTHOFBESITZERS T37
Andreas Böhmer (1732–1771)

Der in einem Bogen an der Außenseite des Beinhauses aufgestellte barocke Grabstein für Andreas Böhmer ist im Lauf des 20. Jahrhunderts stark verwittert. Daher lässt sich seine einst aufwendige Gestaltung nur noch erahnen. Den zentralen Teil des Denkmals bestimmt die in Form eines Tuches gestaltete Inschriftentafel, deren Text jedoch verlorengegangen ist. Auf dem oberen Gesims lagerten ehedem zwei kleine Engelsfiguren, von denen ebenfalls nur noch Fragmente vorhanden sind.

Andreas Böhmer wurde 1732 geboren. Im Jahr 1765 übernahm er den 1687 erstmals erwähnten Gasthof „Zum halben Mond" in der Äußeren Lauenstraße 16. Gelegen an der ins südliche Oberland und nach Böhmen führenden Hauptstraße, gehörte er zu den namhaften Bautzener Gasthöfen. Sein Name geht vermutlich auf eine 1620 in der Nähe errichtete Befestigungsanlage zurück, die in der Form eines Halbmonds angelegt war. Andreas Böhmer starb 1771; der Gasthof wurde einige Jahre später von seinem Sohn Johann Benjamin übernommen. Er existierte bis zur Mitte des 20. Jahrhunderts als Gaststättte und Hotel. Im Haus ist eine historische Wäschemangel erhalten, die ursprünglich handbetrieben und 1928 elektrifiziert wurde. Zu Beginn der 1950er Jahre wurde im Gebäude des ehemaligen Gasthauses das Internat der Erweiterten Oberschule, des heutigen Bautzener Schillergymnasiums, eingerichtet, das bis 1989/90 bestand.

T38 EIN SORBISCHER WISSENSCHAFTLER
Frido Mětšk, dt. Alfred Mietzschke (04.10.1916–09.07.1990)

Frido Mětšk wurde am 4. Oktober 1916 im erzgebirgischen Annaberg geboren. Von 1927 bis 1936 besuchte er das Kreuzgymnasium in Dresden und studierte anschließend von 1936 bis 1940 Lehramt an höheren Schulen in den Fächern Latein, Griechisch und Geschichte in Frankfurt/Oder, Halle (Saale) und Jena. Mit einer Arbeit über den Theologen Heinrich Milde wurde er 1940 in Halle promoviert. Zwischen 1941 und 1945 musste Mětšk als Soldat in der Wehrmacht dienen und kehrte erst 1949 aus sowjetischer Kriegsgefangenschaft zurück. Im Jahr 1953 heiratete er Ludmila Holanec, die ältere Schwester der Organistin Lubina Holanec-Rawpowa (T42). 1954 kam der Sohn Juro Mětšk zur Welt, der später ein bedeutender Komponist wurde und 2022 neben seinem Vater seine letzte Ruhestätte fand. Aus Interesse für die sorbischen Vorfahren beschäftigte sich Frido Mětšk seit seiner Jugend autodidaktisch mit der sorbischen Sprache und Literatur. Von 1949 bis 1954 übernahm er die Leitung der Sorbischen Erweiterten Oberschule in Bautzen. Anschließend war er von 1955 bis 1986 Mitarbeiter am Institut für sorbische Volksforschung. Für seine wissenschaftliche Arbeit wurde ihm 1959 der Ćišinski-Preis verliehen. Zwischen 1960 und 1981 war Mětšk zudem Leiter des Sorbischen Kulturarchivs. Bereits 1964 habilitierte er sich an der Berliner Humboldt-Universität. In seinen letzten Lebensjahren wandte er sich den Biografien und Werken niedersorbischer Dichter und Schriftsteller zu. Frido Mětšk starb am 9. Juli 1990 in Bautzen.

Text übernommen aus Sächsische Biografie, hg. vom Institut für Sächsische Geschichte und Volkskunde e.V., Autorin: Annett Bresan

EIN GELEHRTER SORBISCHER BAUERNSOHN

Andreas Maria Nitsche, sorb. Handrij Nyča
(17.11.1731–18.07.1795)

Die barocke Grabplatte erinnert an Andreas Maria
Nitsche. Er stammte aus
dem Dorf Seidau, wo er am
17. November 1731 als Sohn
eines sorbischen Bauern geboren wurde. Nitsche war
offenbar sehr begabt und
besuchte die von Fried-
rich Caspar von Gersdorff
in Uhyst/Spree gegründete
Schule sowie das Bautze-
ner Gymnasium. Nach dem
Schulabschluss studierte er
Jura, Philosophie und Chemie in Wittenberg und Leipzig.
Anschließend reiste er quer durch Europa. An der Moskau-
er Universität übernahm er für ein Jahr eine Professur für
Philosophie. Anschließend führte ihn sein Weg durch Polen
und in die Schweiz, wo er die Akademie in Genf besuchte.
Von hier reiste er weiter nach England an die Universitäten
von Oxford und Cambridge. Wieder nach Moskau zurück-
gekehrt, lernte er den kaiserlichen Geheimrat Michael Mi-
chailowitsch von Soltikow kennen, der wie er ein Freimaurer
war, und heiratete dessen Tochter Maria. In Russland wurde
Nitsche zu einem reichen und angesehenen Mann, was ihn
aber nicht davon abhielt, wieder in die Oberlausitz zurück-
zukehren. Im Jahr 1776 kaufte er das Rittergut Mengelsdorf,
auf dem er seinen Lebensabend verbrachte. Nitsche starb
kinderlos am 18. Juli 1795 und wurde neben seinen Eltern
und seinem Bruder begraben. Weil er keine eigenen Nachfahren hatte, adoptierte Nitsche seinen Neffen Andreas, der
in Leipzig und Jena Medizin studiert hatte und durch Kaiser
Franz II. 1804 in den Adelsstand erhoben wurde.

T40 AUS DEM LEBEN EINES BILDHAUERS
Horst Weiße (03.12.1919–21.10.1993)

Horst Weiße wurde am 3. Dezember 1919 im erzgebirgischen Eppendorf geboren. An der Fach- und Gewerbeschule in Grünhainichen erhielt er seine Ausbildung zum Holzschnitzer. Im Zweiten Weltkrieg schwer verletzt, lernte er im Lazarett seine spätere Ehefrau Elfriede kennen. Nach der Geburt der beiden Kinder legte Weiße 1951 seine Meisterprüfung zum Spielzeugmacher ab und eröffnete 1954 eine eigene Holzschnitzerei in Seiffen. Im Jahr 1961 zog er mit seiner Familie nach Bautzen um und eröffnete hier eine kunstgewerbliche Werkstatt. Gleichzeitig begann er, den Stein als bevorzugtes Material für sich zu entdecken. Im Jahr 1969 entstand seine erste Plastik „Steinträger I", mit der er sich auch an einer Kunstausstellung im Bautzener Museum beteiligte. Um sich zukünftig nur noch der Steinbildhauerei widmen zu können, löste Weiße seine Holzwerkstatt auf. Auf anfänglich naturalistische Arbeiten folgte Figürliches mit Parallelen zu seinen Vorbildern Ernst Barlach und Käthe Kollwitz. Mitte der 1970er Jahre erhielt er vom Bautzener Rat der Stadt seinen ersten öffentlichen Auftrag mit der auf dem Friedrich-Engels-Platz aufgestellten Plastik „Altes Paar". Außerdem unterstützte er 1978 die Einrichtung des Künstlerhauses Nadelwitz. Nach der friedlichen Revolution gehörte Weiße zu den Gründungsmitgliedern des Bautzener Kunstvereins, dessen Vorsitz er bis 1991 innehatte. Horst Weiße starb als hoch angesehener Bildhauer am 21. Oktober 1993.

EIN KÜNSTLER AUS TRADITIONSREICHEM HAUS

Johannes (Hanns) Georg Manfred Petschke
(08.04.1884–30.11.1963)

Sein aus Sandstein gearbeitetes Grabmal schuf der Bildhauer Hanns Petschke vermutlich selbst. Geboren wurde Petschke am 8. April 1884 als Sohn des Bautzener Bildhauers Johann August Petschke. Bereits sein Großvater war in der Stadt als Bildhauer tätig gewesen. In Petschkes Geburtsjahr errichtete die Familie ein Wohn- und Geschäftshaus unmittelbar neben dem am Ziegelwall neu angelegten Eingang des Taucherfriedhofs. Nach dem Besuch des Gymnasiums erlernte er den Beruf seiner Vorfahren und studierte danach an der Kunstgewerbeschule in Dresden. Bevor er sich 1910 in seiner Vaterstadt in dritter Bildhauergeneration selbstständig machte, arbeitete Petschke an der St.-Lorenz-Kirche in Nürnberg und für die Gesellschaft für Grabmalkunst in Wiesbaden. In den mehr als 50 Jahren seiner Tätigkeit hatte er auch großen Anteil an der Entfaltung der bildenden Kunst in Bautzen. Er widmete sich der Bildhauerei in Stein und Holz, wandte sich aber auch Malerei und Grafik zu. Häufig präsentierte er seine Werke auf Kunstausstellungen in Bautzen. Besonders eindrucksvoll ist das von ihm entworfene Grabmal für die Opfer des Faschismus auf dem Jüdischen Friedhof. Auch im Bautzener Museum befinden sich Plastiken von ihm, die die Gründer des Hauses, Friedrich Carl Gustav Stieber und Oskar Roesger, sowie den Architekten des Museumsneubaus, Stadtbaurat Alfred Göhre, zeigen. Petschke war mit Nadjeschda Feofiloff verheiratet und starb am 30. November 1963 in Bautzen.

T42 EINE FRÜH VERSTORBENE SORBISCHE MUSIKERIN
Lubina Holanec-Rawpowa, dt. Lubina Hollan-Raupp
(23.05.1927–02.05.1964)

Als schlanke Stele ist der Grabstein für Lubina Holanec-Rawpowa gestaltet. Auf ihren Beruf als Organistin verweisen die oberhalb der Inschrift angedeuteten Orgelpfeifen. Geboren wurde Holanec-Rawpowa am 23. Mai 1927 in Kleinbautzen als Tochter des sorbischen Lehrers und Kantors Ernst Hollan. Im Jahr 1934 zog die Familie nach Bautzen. Als sie 16 Jahre alt war, erlernte Holanec-Rawpowa beim Bautzener Organisten Horst Schneider das Orgelspiel. Nach dem Abitur studierte sie ab 1947 an der Leipziger Musikhochschule und von 1948 bis 1953 am Prager Konservatorium. Von 1954 bis 1956 hatte sie eine Aspirantur beim Leipziger Thomaskantor Günther Ramin inne und erweiterte ihre musikalischen Möglichkeiten auf dem Cembalo bei Robert Köhler sowie auf dem Klavier bei Amadeus Webersinke. Als Organistin verstand sie es, große Kompositionen überzeugend vorzustellen und wurde dafür mit internationalen Preisen geehrt. Konzertreisen führten sie nach Genf, Moskau, Leningrad, Riga und Tallinn. Im Jahr 1956 kehrte sie nach Bautzen zurück und heiratete den sorbischen Komponisten und Musikwissenschaftler Jan Raupp (Jan Rawp), den sie während ihrer Studienzeit in Prag kennengelernt hatte. Kurz vor ihrem 37. Geburtstag verstarb Lubina Holanec-Rawpowa am 2. Mai 1964 in einem Dresdener Krankenhaus. Ihre Pläne, als Musikpädagogin zu arbeiten und eine Dozentur für Orgel zu übernehmen, gingen nicht mehr in Erfüllung.

DAS DOPPELTE GESICHT
Christian Friedrich Jakob Janus (16.05.1715–20.12.1790)

Das nach 1790 entstandene Grabmal Janus zählt zu den einprägsamsten Werken der Bildhauerkunst auf dem Taucherfriedhof. Über einem massiven Sockel, der mit Kränzen und Gehängen verziert ist, steht eine Porträtbüste. Auf der einen Seite zeigt sie ein jugendliches, auf der anderen hingegen ein altes Männergesicht. Bei diesen handelt es sich nicht um Bildnisse des hier bestatteten Christian Friedrich Jakob Janus. Vielmehr stellt die Büste den doppelgesichtigen Janus dar, einen Gott der römischen Antike, der als Hüter von Anfang und Ende die ewigen Kreisläufe von Leben und Tod, Licht und Dunkelheit, Schöpfung und Zerstörung repräsentiert und gleichzeitig auf den Namen des Verstorbenen anspielt.

Christian Friedrich Jakob Janus wurde am 16. Mai 1715 in Torgau geboren. Als Jugendlicher kam er nach Bautzen, wo sein Vater das Amt des Konrektors am Gymnasium übernommen hatte. Nach Abschluss seines Studiums der Rechtswissenschaften wurde Janus 1739 Advokat beim Oberamt, der obersten Verwaltungsbehörde der Oberlausitz. Im Jahr 1760 wählte ihn das Kollegiatstift St. Petri zu seinem Rechtsvertreter. Von den Landständen der Oberlausitz erhielt er schließlich 1767 die Berufung zum Landsyndikus. Am 3. Mai 1770 trat er in das Amt des Vizekanzlers des Oberamtes ein und war ab 1772 bis zu seinem Tod am 20. Dezember 1790 dessen Kanzler. Seit 1742 war er mit Christiane Helene Keßler (1725–1793) verheiratet, mit der er neun Söhne und vier Töchter hatte.

T44 EINE WELTBERÜHMTE MUSIKERIN
Jutta Zoff (14.01.1928–28.10.2019)

Jutta Zoff wurde am 14. Januar 1928 in Bautzen geboren. Ihr Vater unterrichtete sie schon früh an Klavier und Akkordeon; später kamen Gitarre, Klarinette und Dudelsack hinzu. Parallel dazu entdeckte sie mit 13 Jahren die Harfe für sich und erhielt 1940 erstmals Unterricht bei Heinrich Schlie, einem Harfenisten der Staatskapelle Dresden. Ab 1942 wurde der Münchener Professor Eduard Niedermayer ihr Lehrer, zu dem sie einmal im Monat für eine Woche reiste. Nach dem Zweiten Weltkrieg wurde sie Schülerin von Kurt Striegler, dem Dirigenten der Dresdener Staatsoper. Sie gab nun Konzerte, bei denen sie mitunter acht Instrumente an einem Abend spielte. Im Sommer 1951 erhielt sie ein Engagement beim Bayreuther Festspielorchester. Drei Jahre später begann für sie eine lange und erfolgreiche Zeit von Konzertreisen, die sie rund um den Globus führten. Im September 1967 erhielt sie ein Engagement als Soloharfenistin bei der Staatskapelle Dresden und den Titel „Kammervirtuosin". Sie blieb dem Orchester mehr als zwei Jahrzehnte lang treu und war ein gefeierter Star im In- und Ausland. Nach dem Ende ihrer Karriere im März 1991 wurde sie zum Ehrenmitglied der Dresdener Staatskapelle ernannt. Ihrer Heimatstadt Bautzen blieb Zoff stets tief verbunden und gab ihr letztes öffentliches Konzert im September 2007 anlässlich des Festgottesdienstes zur Wiedergründung der Dr.-Gregorius-Mättig-Stiftung im Dom St. Petri. Jutta Zoff starb am 28. Oktober 2019 in Dresden.

EIN PFARRER AN ST. PETRI

Gottfried Wilhelm Große (21.11.1878–17.03.1953)

Der schlichte Grabstein erinnert an den Pfarrer Gottfried Große, der am 21. November 1878 als Sohn eines Geistlichen in Markranstädt südwestlich von Leipzig geboren wurde. Nach dem Besuch des Gymnasiums und dem Theologiestudium war er zunächst in Boritz südlich von Riesa sowie in der Beamtenkirchgemeinde Bodenbach (tschech. Děčín-Podmokly) tätig. Im Jahr 1912 kam er mit seiner Frau Hanna Gertrud Mosch, die er am 3. Juni 1909 in Leipzig-Leutzsch geheiratet hatte, nach Bautzen. Hier wurde er als zweiter Diakon der ev.-luth. Kirchgemeinde St. Petri angestellt. Ab 1926 übernahm er die Stelle des Archidiakons und amtierte ab 1932 als Pastor secundarius. Nebenbei beschäftigte er sich intensiv mit der Geschichte und Kunstgeschichte von Bautzen und publizierte insbesondere Beiträge zum Dom St. Petri, aber auch zur Geschichte des Goldschmiedehandwerks in der Spreestadt. Vor allem seine 1926 erschienene Broschüre „Wanderungen über den Taucherfriedhof" erfreute sich großer Beliebtheit. Als im gleichen Jahr die Taucherkirche nach umfangreicher Renovierung und Restaurierung wieder neu geweiht werden konnte, publizierte er einen ausführlichen Text über ihre neue Ausstattung im Bautzener Evangelischen Gemeindeblatt. Gottfried Große hatte zwei Söhne, Joachim und Siegfried, die beide im Zweiten Weltkrieg als Soldaten ums Leben kamen. Er selbst starb am 17. März 1953 in seiner Wohnung auf der Käthe-Kollwitz-Straße 6.

T46 IM GEDENKEN AN DEN STIFTER EINER SCHULE
Johann Christoph Prentzel (08.03.1718–06.02.1794)

Das an der östlichen Außenmauer des Taucherfriedhofs gelegene Grabmal für Johann Christoph Prentzel fällt durch seine außergewöhnliche Gestaltung auf. Der große Grabstein wirkt wie eine Felswand, auf der ein Palmenzweig zu liegen scheint. Mittig ist eine aus Eisen gegossene Inschriftentafel angebracht, die an den Verstorbenen und seine Gemahlinnen erinnert.

Johann Christoph Prentzel wurde am 8. März 1718 in Lauban (poln. Lubań) geboren. Nach seiner kaufmännischen Ausbildung trat er 1741 in die Bautzener Leinwandhandlung von Johann Georg Benada d. J. (T08) ein. Im Mai 1744 heiratete er dessen Tochter Dorothea Hedwig und übernahm nach dem Tod seines Schwiegervaters das Geschäft. Prentzel etablierte sich schnell auch gesellschaftlich in Bautzen. Seit 1751 gehörte er dem Rat an, zuerst als Kämmerer, ab 1767 als Oberkämmerer und Waisenhausinspektor. Durch dieses Amt erhielt er einen Einblick in die begrenzten Möglichkeiten der Schulbildung für ärmere Kinder. Das brachte ihn dazu, 1783 aus eigenen Mitteln eine Armenschule zu eröffnen und deren Fortbestand in seinem Testament zu regeln. Die von Prentzel gestiftete Schule befand sich bis 1872 im Eckhaus Wendischer Graben/Töpferstraße, wo bis heute eine Inschrift an sie erinnert. Später ging sie in der städtischen Bürgerschule und schließlich im Volksschulwesen auf. Johann Christoph Prentzel starb am 6. Februar 1794 und wurde vier Tage später unter großer Anteilnahme der Öffentlichkeit, vor allem der Schüler und Lehrer seiner „Stiftsschule", beigesetzt.

VOM AUFSTIEG EINER UNTERNEHMERFAMILIE
Gruft Familien Tietzen und Reinhardt sowie Familie Brenzel

In der Nordostecke des alten Teils des Taucherfriedhofs steht das Gruftgebäude der Familien Tietzen und Reinhardt. Es entstand um 1785 vermutlich nach einem Entwurf des Dresdener Architekten Christian Friedrich Schuricht. Seine Schaufassade ist einem antiken Tempel nachempfunden. Dorische Säulen flankieren den Eingang, daneben stehen zwei Vasen in Wandnischen. Eine dritte Vase bildet die Dachbekrönung. Sie ist aus Kupfer getrieben, was auf das Gewerbe der Familie verweist, die das Gruftgebäude errichten ließ.

Der Tuchhändler Christian Joseph Tietzen erwarb 1755 den Bautzener Kupferhammer, der 1772 in den Besitz des Oberkämmerers Christian Gotthelf Tietzen überging. Dessen Tochter Emilie Mathilde heiratete 1820 den Großwarenhändler Johann Georg Reinhardt. Er trat in Tietzens Unternehmen ein und führte es unter dem Namen „C. G. Tietzens Eidam" weiter. Allerdings verlagerte er den Schwerpunkt zunehmend weg vom Großhandel und dafür hin zum Kupferhammer als Produktionsstätte. Nach Reinhardts frühem Tod übernahm dessen zweiter Sohn Rudolf Moritz Reinhardt die Führung des Kupferhammers, baute die Fabrik weiter aus und engagierte sich auch sozial. Seine Söhne Rudolf Max und Rudolf Walter Reinhardt wuchsen früh in das Familienunternehmen hinein, um es fortzuführen. Inzwischen firmierte der Kupferhammer unter dem Namen „König-Albert-Werk". Der letzte Inhaber war Rudolf Martin Reinhardt, der das Unternehmen zu einem weltweit agierenden Hersteller von Kupferprodukten machte, aber auch von Rüstungsaufträgen während des Ersten Weltkriegs profitierte. Infolge der Weltwirtschaftskrise ging der Kupferhammer 1928 in Insolvenz. Im Gruftgebäude sind alle Generationen der Familien Tietzen und Reinhardt versammelt. Zusätzlich fanden in neuerer Zeit auch die Angehörigen der Familie Brenzel, Inhaber eines Handwerksbetriebs für Sanitär- und Heizungsinstallation, hier ihre letzte Ruhestätte.

T48   EIN SEGELSCHIFF AUF DEM FRIEDHOF
Christian Krinitz (1666–16.12.1735)

Das barocke Grabmal für Christian Krinitz, das sich erst seit 1925 an seinem heutigen Standort befindet, wird von einer Kartusche mit der Darstellung eines großen Segelschiffs bekrönt. Der unter voller Takelage segelnde Dreimaster erinnert daran, dass es sich um das Grab eines Kaufmanns handelt. Ganz ähnlich verweisen Segelschiffe auch an einigen barocken Bürgerhäusern in der Bautzener Altstadt auf die weitläufigen Handelsgeschäfte der früher dort ansässigen Kaufleute. Auf dem Grabstein ist das Schiff gleichzeitig ein Symbol für den Lauf des Lebens, der sich in dem als Hafen gedeuteten Tod vollendet.

Christian Krinitz wurde 1666 geboren und kam 1698 nach Bautzen. Hier erhielt er das Bürgerrecht und siedelte sich als Materialist, das heißt als Kaufmann mit eingeschränktem Warenangebot, an. Kurz darauf heiratete er Marie Lindemann, die Tochter des Kaufmanns Hans Heinrich Lindemann. Von ihm übernahm er 1709 auch das Geschäft und Haus in der Reichenstraße 31. Gleichzeitig wurde er Mitglied der Bautzener Kaufmannsinnung, die 1708 von über 30 Kaufleuten neu gegründet worden war. Sie berief Krinitz 1727 zu ihrem Ältesten. Außerdem war er Hauptmann des Reichenviertels, in dem er wohnte. Mit 68 Jahren übergab er sein Geschäft an seinen Sohn Heinrich Gotthelf. Christian Krinitz verstarb am 16. Dezember 1735 in Bautzen, seine Frau Marie folgte ihm 1740.

EIN ERFOLGREICHER KAUFMANN UND GROSSZÜGIGER STIFTER

Johann Pauli (02.01.1741–07.01.1806)

Das klassizistische Grabmal für Johann Pauli wies früher reizvolle Reliefdarstellungen auf, die durch Verwitterung des Sandsteins jedoch stark beschädigt wurden.

Pauli wurde am 2. Januar 1741 in Gnaschwitz geboren. Nach seiner Schulzeit ging er bei einem Kaufmann in Marklissa (poln. Leśna) in die Lehre und war anschließend in Dresden, Pirna und Bautzen tätig. Im Jahr 1769 eröffnete er hier sein eigenes Kaufmannsgeschäft in der Inneren Lauenstraße 8 und war finanziell sehr erfolgreich. Das ermöglichte ihm 1780 den Erwerb des Rittergutes Wawitz. Pauli blieb unverheiratet und besaß am

Ende seines Lebens ein großes Vermögen, das er testamentarisch für wohltätige Zwecke stiftete. Neben der Unterstützung der Bewohner des Bautzener Männerhospitals, das sich zu dieser Zeit auf der Äußeren Lauenstraße befand, verfügte er auch Zuwendungen zur Unterstützung des Bürger- und Ehestandes, hilfsbedürftiger Bürger und deren Angehöriger sowie zur Unterstützung von Armen und der Armenschulen. Auch das Prozedere zu Ausreichung der Mittel legte er testamentarisch genau fest. Pauli starb wenige Tage nach seinem 65. Geburtstag am 7. Januar 1806. Zum Andenken an ihn und seine Stiftungen wurde im September 1890 eine Straße in der Bautzener Ostvorstadt nach ihm benannt. Er ist jedoch nicht mit dem namensgleichen Besitzer des Hauses Innere Lauenstraße 2 zu verwechseln, das Johann Gottlob Pannach (T32) nach 1720 neu errichten ließ und das viele gekrönte Häupter beherbergte.

T50   EINE FAMILIE VON GASTHOFBESITZERN

Carl August Pech (1796–1858)
Johanna Pech geb. Rätze (1795–1845)
Otto Barteldes (1827–1878)
Erdmuthe Amalia Barteldes geb. Pech (1823–1897)

Die Grabdenkmäler in der östlichsten Gruft der nördlichen Gruftstraße erinnern an die Familien Pech und Barteldes, Inhaber des Gasthofes „Zur Goldenen Sonne". Das in Formen des späten Klassizismus gestaltete, von einem Dreiecksgiebel mit Akroterion bekrönte Grabdenkmal versammelt ihre Namen.

Nach dem Tod von Johann Gotthelf Pech übernahm der 1796 geborene Carl August Pech 1821 den vor dem Äußeren Lauentor gelegenen Gasthof „Zu den drei Linden". Im Jahr 1832 erwarb er das Bürgerrecht und das bedeutendere Gasthaus „Zur goldenen Sonne" auf der Töpferstraße. Seine Ehefrau Johanna Rosina geb. Rätze, mit der er fünf Kinder hatte, verstarb bereits 1845 im Alter von 50 Jahren. Carl August Pech wählte 1858 den Freitod infolge von „Gemütskrankheit". Erbin wurde seine 1823 geborene Tochter Erdmuthe Amalia Pech, die seit September 1847 mit Emil Otto Barteldes verheiratet war. Dieser verpachtete den familieneigenen Gasthof und betrieb eine Spedition mit Kalk- und Kohlenniederlage am Bautzener Bahnhof. Nach seinem Tod 1878 verkaufte seine Frau den Gasthof an die Baumeister Richard Seeliger und Karl Schneider, die das Gebäude grundlegend umgestalteten. In diesem Zuge entstand auch der Durchbruch für die Nordstraße, heute Dr.-Maria-Grollmuß-Straße. Das Haus wurde ab 1925 vom Ortsausschuss Bautzen des Allgemeinen Deutschen Gewerkschaftsbundes genutzt. Heute ist es der Sitz des Deutschen Gewerkschaftsbundes, Region Ostsachsen.

DIE STIFTERIN EINER SCHULE FÜR LEHRER   T51
Sophie Dorothee Albertine von Brüsewitz
(03.09.1743–21.09.1813)

Eine schlichte Grabplatte erinnert an Sophie Dorothee Albertine von Brüsewitz. Geboren am 3. September 1743 in Berlin, war sie die Tochter von Reichsgraf Friedrich Ludwig von Wartensleben und Gräfin Agnes Auguste geb. von Flemming. Im Mai 1774 heiratete sie Graf Adolf Carl von Carnitz, von dem sie sich aber wieder scheiden ließ. Danach vermählte sie sich 1799 mit dem königlich preußischen Generalleutnant Karl Friedrich von Brüsewitz. Beide Ehen blieben kinderlos. Über die Familie von Flemming war Sophie Dorothee Albertine von Brüsewitz 1794 in Besitz des Rittergutes Bolbritz gekommen, außerdem besaß sie das Haus Mönchsgasse 7 in Bautzen. Sie verstarb am 21. September 1813 und vererbte ihren Besitz ihrem Bruder Wilhelm Carl von Wartensleben. Er sollte dafür sorgen, dass nach seinem Tod 20.000 Taler aus dem Besitz der Familie zur Einrichtung einer Schule in ihrem Haus auf dem Burglehn eingesetzt werden. Wilhelm Carl von Wartensleben übereignete das Haus 1813 den Landständen des Markgraftums Oberlausitz und bestimmte es zur Ausbildung von Lehrern. Nach einem Umbau wurden die ersten Seminaristen im Herbst 1817 aufgenommen. Nachdem das Gebäude nach einigen Jahrzehnten nicht mehr den Anforderungen entsprach, errichteten die Landstände von 1855 bis 1857 einen Neubau an den Schilleranlagen (heute Berufliches Schulzentrum). Das Brüsewitz'sche Haus gegenüber der Gaststätte Mönchshof wurde im September 1989 abgerissen.

T52   DAS GRABMAL EINES KOMPONISTEN
Karl Eduard Hering (13.05.1807–26.11.1879)

Ein Obelisk aus schwarzem Stein erinnert an den Komponisten Karl Eduard Hering. Auf seinen Beruf verweist die auf der Vorderseite angebrachte, umkränzte Lyra.

   Hering wurde am 13. Mai 1807 in Oschatz als fünfter Sohn des Komponisten Carl Gottlieb Hering geboren, der die bekannten Stücke „Morgen, Kinder, wird's was geben" oder „Hopp, hopp, hopp, Pferdchen lauf Galopp" vertonte. Ab 1811 war der Vater beruflich in Zittau tätig, wo der Sohn das Gymnasium besuchte. Anschließend studierte Karl Eduard Hering ab 1825 Philosophie an der Leipziger Universität, wandte sich aber immer mehr der Musik zu. Unterrichtet wurde er darin vom Leipziger Thomaskantor Christian

Theodor Weinlig, zu dessen Schülern auch Richard Wagner und Clara Schumann gehörten. Seine erste Anstellung erhielt Hering als Musiklehrer in Dresden. Hier entstand sein bedeutendes Frühwerk „Der Erlöser", das 1833 im Leipziger Gewandhaus erstmals aufgeführt wurde. Nach dem Tod von Christian Gottlob August Bergt 1837 (T53) bewarb er sich um dessen Stelle als Organist in Bautzen und erhielt sie nach einem intensiven Auswahlverfahren zugesprochen. Mit der Tätigkeit war auch eine Anstellung als Musiklehrer am Landständischen Lehrerseminar verbunden, die er bis 1876 ausübte. Karl Eduard Hering hat das Musikleben in Bautzen nicht nur durch seine zahlreichen Kompositionen geprägt, sondern auch durch die Gründung eines Gesangvereins für gemischten Chor 1838. Großen Anklang fanden zudem seine ab 1846 angebotenen Volkskirchenkonzerte, die unter anderem in der Taucherkirche stattfanden. Karl Eduard Hering war zweimal verheiratet. Nach dem Tod seiner ersten Frau Pauline geb. Buchheim heiratete er Alma Rosalie Domsch. Aus der ersten Ehe gingen vier Kinder hervor, aus der zweiten sein Sohn Richard, der ebenfalls eine musikalische Laufbahn einschlug. In Anerkennung seiner außerordentlichen Verdienste wurde Hering 1874 zum Königlich Sächsischen Musikdirektor ernannt. Er verstarb am 26. November 1879 und wurde unter großer öffentlicher Anteilnahme beigesetzt. Seine zweite Frau Alma Rosalie ist direkt neben ihm bestattet. Auf der Rückseite ihres Grabsteins findet sich die Anfangszeile eines von Hering vertonten Liedes: „Vatertreue, Mutterliebe, ihr seid göttlich reine Flammen."

T53 EIN MONOLITH FÜR EINEN MUSIKER
Christian Gottlob August Bergt (17.06.1771–10.02.1837)

Das Grabmal für Christian Gottlob August Bergt ist von schlichter Monumentalität. In den aufgesockelten Granitmonolith sind auf allen vier Seiten gusseiserne Platten eingelassen. Sie enthalten den Namen des Verstorbenen, sein Geburts- und Sterbedatum sowie allegorischen Schmuck in Form einer mit Eichenlaub umwundenen Lyra mit zerrissenen Seiten, einem Sternenbogen und Schmetterlingen.

Christian Gottlob August Bergt wurde am 17. Juni 1771 als Sohn des Oederaner „Kunst- und Stadtmusikus" geboren und erhielt schon früh eine musikalische Ausbildung. Ab 1785 besuchte er für sechs Jahre die Kreuzschule in Dresden. Darauf folgte ein Studium der Theologie in Leipzig. Nach dem Tod des Bautzener Organisten Stallmann bewarb er sich 1802 erfolgreich um dieses Amt. Damit verbunden war auch der Musikunterricht von Schülern, der mit der Gründung des Landständischen Lehrerseminars 1817 einen neuen Ort fand. Bergt war ein überaus produktiver Komponist und wurde von Zeitgenossen wie Carl Maria von Weber und Friedrich Heinrich Himmel hochgeschätzt. Die von ihm komponierte Kirchenmusik wurde in Sachsen vielfach aufgeführt und war auch international bekannt. Zahlreiche Chöre und Gesangsvereine nahmen seine Lieder in ihr Repertoire auf. Daneben schrieb Bergt Musik zu literarischen Arbeiten bekannter Dichter wie Johann Wolfgang von Goethe, Johann Gottfried Herder und Gottlob Adolf Ernst von Nostitz und Jänkendorf, der unter dem Pseudonym Arthur von Nordstern veröffentlichte. Bergt starb unverheiratet am 10. Februar 1837.

EIN HOCHGESCHÄTZTER KOMMUNALPOLITIKER   T54
Konrad Johannes Kaeubler, auch Käubler
(15.04.1849–11.07.1924)

Der in schlichten Formen der Reformbewegung des frühen 20. Jahrhunderts gestaltete Grabstein erinnert an den Bautzener Oberbürgermeister Konrad Johannes Kaeubler und seine Familie. Geboren am 15. April 1849 in Bad Schandau als Sohn eines Obersteuerinspektors, besuchte Kaeubler die Fürstenschule St. Afra in Meißen. Anschließend studierte er Jura in Leipzig und begann 1874 eine Tätigkeit als Assessor am Leipziger Landgericht. Da ihn das Verwaltungswesen interessierte, bewarb er sich um das Amt des Bürgermeisters in Mittweida, das er von 1881 bis 1885 innehatte. Von Mittweida führte ihn sein Weg zunächst nach Frankenberg, bevor er 1890 die Wahl zum Bürgermeister in Bautzen annahm und ab 1900 der erste hiesige Oberbürgermeister wurde. Seit 1891 war er auch Mitglied der Ersten Kammer des Sächsischen Landtags. Kaeubler entwickelte Bautzen auf dem Weg in die Moderne nachhaltig weiter. So stieg die Einwohnerzahl während seiner Amtszeit von circa 21.500 auf 37.000. Gleichzeitig wurden große Bauprojekte umgesetzt, etwa der Neubau diverser Schulen, des Gerichtsgebäudes, der Gefängnisse, der Kasernen sowie des Museums. Zentrale Infrastrukturmaßnahmen waren die Errichtung der heutigen Friedensbrücke und die Erweiterung der Innenstadt nach Süden mit der Anlage der heutigen Karl-Marx-Straße. Allein ihm und seiner Freundschaft zum (späteren) König Georg von Sachsen ist es zu verdanken, dass 1902 der Rietschelgiebel aus Dresden an die Spree gelangte (heute am Burgtheater/Dźiwadło na hrodźe). Als Kaeubler im August 1918 aus dem Amt ausschied, wurde er durch das Königreich Sachsen zum Geheimen Regierungsrat und durch die Stadt Bautzen zum Ehrenbürger ernannt. Er starb am 11. Juli 1924 in Dresden, fand seinem Wunsch gemäß aber seine letzte Ruhestätte auf dem Bautzener Taucherfriedhof, dessen Erhalt ihm ebenfalls ein wichtiges Anliegen gewesen war. Der Lions Club Bautzen initiierte ihm zu Ehren 2014 die Errichtung einer Bronzestatue vor dem Bautzener Kornmarkthaus.

T55 DER TOD EINES FEUERWEHRMANNS
Johann August Niemschke, auch Nimschke
(03.01.1843–30.11.1876)

Der Grabstein von Johann August Niemschke ist ein typisches Beispiel für die Grabmalsgestaltung in der zweiten Hälfte des 19. Jahrhunderts. Über einem Sockel erhebt sich ein Obelisk, an dessen Vorderseite drei Attribute – zwei gekreuzte Feuerwehrbeile und eine Rettungsleine – über Eichenlaub auf die Tätigkeit des hier Bestatteten verweisen.

Der 1843 geborene Johann August Niemschke war Mitglied der Freiwilligen Feuerwehr Bautzen und kam bei einem Einsatz ums Leben. Am 16. November 1876 abends um 8 Uhr war im Gehöft des Peter Rentsch, Am Feldschlösschen 2 bis 4, ein Feuer ausgebrochen. Neben der Bautzener Feuerwehr waren auch die Seidauer, die Strehlaer, die Burker und die Kleinwelkaer Wehren vor Ort. Sie konnten jedoch die vollständige Zerstörung des Wohnhauses und der Nebengebäude nicht verhindern. Beim Einsturz einer Giebelmauer wurden drei Feuerwehrkameraden verschüttet, von denen zwei verstarben. Einer von ihnen war der 33 Jahre alte Johann August Niemschke, der vierzehn Tage nach dem Unglück seinen Brandverletzungen erlag. Er hinterließ seine Frau und vier minderjährige Kinder. Zu seiner Würdigung errichteten ihm die Kameraden der Freiwilligen Feuerwehr Bautzen dieses aufwendige Grabdenkmal.

DIE GRÄBER ZWEIER TOTENGRÄBER

Johann Christian Schöne (1784–23.11.1845)
Christian Heinrich Schöne (21.10.1816–02.06.1867)

Unmittelbar nebeneinander stehen das schlichte Grabmal des Johann Christian Schöne sowie das aufwendiger gestaltete seines Sohnes Christian Heinrich Schöne. Beide waren als Totengräber auf dem Taucherfriedhof tätig. Nach dem Tod des Vaters, der als Gehilfe des eigentlichen Totengräbers Menzel gearbeitet hatte, übernahm Christian Heinrich diese Stelle und nach Menzels Tod 1857 schließlich dessen Amt. Den Wechsel nutzte der Bautzener Rat für eine Neuorganisation der Besoldung und den Erlass einer Dienstordnung. Während Menzel seine Einnahmen noch entsprechend der bestatteten Leichen abrechnen musste, erhielt Schöne nun ein festes Jahresgehalt von 170 Talern. Dafür musste er tagsüber auf dem Friedhof präsent sein, die Eingangstore öffnen und schließen, die Grabstätten auswählen, die Gräber vor- und nachbereiten und auch für Ruhe und Ordnung sorgen. Während der Cholera-Epidemie von 1866 stellte er Hilfskräfte an, die er aber aus seinem eigenen Jahresgehalt bezahlen musste. Vermehrte Beschwerden über ihn führten schließlich zu seiner Kündigung. So hatte er einmal eine Grabstelle nicht tief genug ausgehoben, ein anderes Mal ein Kind nicht ordnungsgemäß bestattet. Möglicherweise war Schöne über die Kündigung so bestürzt, dass er wenige Tage danach einen tödlichen Schlaganfall erlitt, woraufhin er ebenfalls auf dem Taucherfriedhof bestattet wurde.

T57 TRAGISCHER TOD AM GRAB DER MUTTER
Ernst Konrad von Stoffregen (25.10.1793–20.05.1813)

Eine schlichte Grabplatte erinnert an Ernst Konrad von Stoffregen, der am 20. Mai 1813 während der Schlacht um Bautzen auf tragische Weise auf dem Taucherfriedhof sein Leben verlor. Stoffregen wurde 1793 in Sankt Petersburg geboren. Sein Vater Konrad Christian von Stoffregen war Leibarzt der russischen Zarin Elisabeth Alexejewna geb. Prinzessin Luise von Baden. Während der Durchreise zu einer Kur kam Ernst Konrad mit seiner Mutter Anna Elisabeth und den beiden jüngeren Brüdern durch Bautzen. Hier verschlechterte sich der Gesundheitszustand seiner Mutter plötzlich, so dass sie am 5. Februar 1808 verstarb. Nachdem sie auf dem Taucherfriedhof beigesetzt worden war, reisten die Kinder als Halbwaisen nach Hause. Fünf Jahre später kam Ernst Konrad als Leutnant der russischen Kavallerie erneut nach Bautzen. Seine Truppe sollte hier am 20. und 21. Mai 1813 zur entscheidenden Schlacht gegen die Armeen Napoleons beitragen. Während der Kämpfe wollte Stoffregen das Grab seiner Mutter besuchen und ließ sich vom Totengräber Johann Christian Schöne dorthin führen. Auf dem Rückweg zu seiner Kompanie wurde er jedoch noch auf dem Friedhofsgelände von einer feindlichen Kugel tödlich getroffen. Totengräber Schöne, dessen Grab unweit zu finden ist (T56), fand seinen Leichnam und bestattete ihn im Grab der Mutter. Die tragische Geschichte des Stoffregen-Grabes ist bis heute in Bautzen sehr bekannt. Dank einer Spende des Ehepaars Dagmar und Stephan Schmidt konnte der Grabstein 2013 restauriert werden.

EINE EHEPAAR IM TOD VEREINT

Johann Albrecht von Roquicki (1680–1755)
Charlotte Henriette von Roquicki geb. von Polenz (1696–1771)

Die barocken Grabplatten für Johann Albrecht von Roquicki und seine Gemahlin Charlotte Henriette geb. von Polenz sind reich mit Ornamenten gestaltet. Sie besitzen jeweils eine große Inschriftenkartusche, in der Texte aus dem Leben des Ehepaares erzählen, die heute aber stark verwittert sind. Wappen belegen die adelige Herkunft der beiden Verstorbenen. Der Grabstein Johann Albrechts ist zudem mit verschiedenem Kriegsgerät als Hinweis auf seine militärischen Verdienste verziert.

Über das Ehepaar von Roquicki ist nur wenig bekannt, die meisten Informationen stammen aus ihren durch Schriftquellen überlieferten Grabinschriften. Die für Johann Albrecht begann mit den Worten: „Mein Leser, unter diesem Steine findest du die entseelten Gebeine des Herrn Johann Albrecht von Roquicki". Weiter erzählte der Text, dass Johann Albrecht im Jahr 1680 geboren wurde. Später war er Obrist beim kurfürstlich sächsischen Heer, in das er bereits mit 20 Jahren eintrat. Im Jahr 1722 heiratete er Charlotte Henriette von Polenz. Sie wurde 1696 geboren und war die Tochter des Johann Kasper von Polenz und seiner Frau Anna Dorothea geb. von Carlowitz. Roquicki starb 1755 als letzter Nachfahre seiner Familie, die damit im Mannesstamm erlosch. Seine Frau folgte ihm nach langer Witwenschaft im Jahr 1771. Nebeneinanderliegend symbolisieren ihre Grabplatten, dass die beiden Eheleute, die „die liebreiche Segenshand Gottes" zusammengeführt hatte, noch im Tode vereint sind.

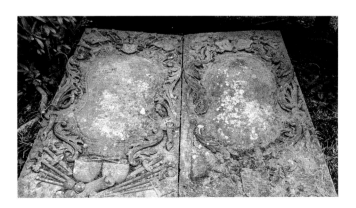

T59 KRIEGSTOTE IN EINEM ALTEN GRUFTGEBÄUDE
16 zivile Kriegstote vom April 1945

In dem Grufthaus aus dem 18. Jahrhundert sind Karl Friedrich Quierner (1776–1852), Louise Quierner geb. Starke (1792–1875), Karl Hermann Puy (1838–1905) und Johanna Erdmuthe Ernestine Füllner (1841–1911) bestattet. Im April 1945 fanden außerdem 16 Zivilisten in der Gruft ihre letzte Ruhestätte, die während der Kämpfe um Bautzen ums Leben gekommen waren und an die ein schlichter Gedenkstein erinnert.

In Erwartung des weiteren Vormarschs der Roten Armee flüchteten die Bewohner Niederschlesiens ab Januar 1945 und zogen auch durch Bautzen. Oftmals mussten Angehörige ihre kranken, geschwächten oder erfrorenen Familienmitglieder zurücklassen, darunter vor allem Kinder und ältere Menschen. Im Begräbnisbuch von St. Petri sind für April 1945 neben zwei Bestattungsscheinen 22 Totenanzeigen abgeheftet. Die handschriftlich ausgefüllten Formulare nennen die Namen von Kriegsopfern und vermerken in 19 Fällen die Begräbnisart „Massengrab (zivil)". Für 14 von ihnen findet sich zum Tag des Begräbnisses lediglich die Angabe „29. April bis 1. Mai 1945", je einmal „1. Mai 1945" bzw. gar kein Datum. Es ist anzunehmen, dass sich der Gedenkstein im Gruftgebäude auf diese Totenanzeigen bezieht. Drei von den hier Vermuteten kamen am 16. April 1945 bei einem Luftangriff ums Leben, die anderen 13 in den Tagen vom 19. bis 23. April. Es waren ein Schulkind, fünf Frauen und zehn Männer. Eine nach 1990 durchgeführte Inspektion erhärtete die These, dass es sich um Zivilisten handelte, da bei den Bestatteten keine Hinweise auf Militärangehörige gefunden werden konnten.

Das als „Mordstein" bezeichnete Denkmal steht seit 1925 an der Nordseite der Francke'schen Gruft. Aus Granit gearbeitet, hat es eine polygonale, sich nach oben verjüngende Form. Im unteren Teil sind auf allen Seiten aus einem gabelförmigen Fuß herauswachsende Kreuze angebracht. So gestaltet, erinnert das Monument an ein Kapitalverbrechen aus dem Jahr 1404: Martin von Bischofswerde, der mit seinen beiden Söhnen von Bautzen nach Gröditz ritt, wurde auf dem Weg überfallen. Einem Sohn gelang es, schwer verwundet nach Bautzen zurückzureiten. Er kam bis zu der Stelle, wo sich heute die Töpferstraße und der Wendische Graben treffen. Seine Verletzungen waren jedoch so schwer, dass er dort tot vom Pferd fiel. Am nächsten Tag fand man auch Martin von Bischofswerde und seinen zweiten Sohn leblos beim Königsteich in Niederkaina. Als Täter wurde ein Mitglied der Adelsfamilie von Baudissin verdächtigt, der die Tat ein Jahr danach auch gestand und erstochen wurde.

Im Jahr 1408 wurde an der Ecke Töpferstraße/Wendischer Graben der Mordstein aufgestellt. Allerdings erwies er sich als Verkehrshindernis und wurde schließlich 1509 von einem Fuhrwerk umgerissen. Der Bautzener Rat setzte das erhaltene Stück im Jahr 1598 an die damals neu erbaute Taucherkirche um. Ursprünglich stand der erhaltene Teil des Gedenksteins auf einem Sockel mit der Jahreszahl 1404 und trug ein weiteres Kreuz auf seiner Spitze.

T61 DAS GRUFTHAUS EINES VERMÖGENDEN STIFTERS
Friedrich Gottlob Francke, zeitgenössisch Franke
(11.12.1695–23.11.1751)

Unter den Gruftgebäuden auf dem Taucherfriedhof ist die Francke'sche Gruft die bemerkenswerteste. Sie wurde nicht nur vollkommen frei stehend errichtet, sondern besitzt eine aufwendige Innengestaltung. Im Erdgeschoss des mit eisernen Türen und kunstvoll geschmiedeten Gittern verschlossenen Gebäudes steht der verzierte Sarkophag des Friedrich Gottlob Francke. Im Obergeschoss gibt es einen kleinen mit Wandmalereien gestalteten Salon. Entsprechend einer Festlegung in Franckes Testament fanden früher in ihm alljährliche Gedenkfeiern für den Verstorbenen und seine Familie statt.

Friedrich Gottlob Francke wurde 1695 als Sohn eines Müllers in Senftenberg geboren. Es ist anzunehmen, dass er eine gymnasiale Schulbildung erhielt und anschließend Jura studierte. Seit 1719 war er als Advokat am Oberamt des Markgraftums Oberlausitz tätig. Zwischen 1733 und 1736 fungierte er als Stellvertreter des Landsyndikus Christian Salomon, konnte die Stelle aber nach dessen Emeritierung nicht übernehmen. Obgleich ihm die große Karriere damit verwehrt blieb, erwirtschaftete er ein beträchtliches Vermögen, das er noch zu Lebzeiten testamentarisch stiftete.

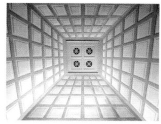

Francke war zweimal verheiratet, zuerst mit Anna Maria Richter (20.01.1689–27.03.1743), nach deren Tod mit Maria Sophia Spengler (21.03.1707–04.06.1750). Aus dieser Ehe ging ein Sohn hervor, der jedoch wie seine Mutter im Kindsbett verstarb. In seinem Testament verfügte Francke umfangreiche Mittel und Vorschriften für die Pflege und Unterhaltung seiner bereits 1745 errichteten Familiengrabstätte. Außerdem legte er fest, dass jährlich zu Pfingsten die bereits erwähnte Gedächtnisfeier abzuhalten sei, deren Ablauf und Mitwirkende genau vorgeschrieben waren. Neben den Mitteln zur Finanzierung seiner eigenen Memoria stellte er auch umfangreiche Gelder für soziale Zwecke zur Verfügung, z. B. zur Unterstützung von Schülern und Studenten. Finanzielle Beihilfen erhielten auch das Waisenhaus, das Armenhaus und das Frauenhospital sowie arme Personen in Bautzen. Man könnte meinen, dass sich Francke mit dem Gruftgebäude und der Stiftung die gesellschaftliche Anerkennung verschaffen wollte, die er zu Lebzeiten wohl nicht in dem gewünschten Maß erfahren hatte. Mitte der 1920er Jahre waren die Mittel aus der Stiftung aufgebraucht bzw. der Inflation zum Opfer gefallen. Mit Hilfe eines Sponsors erweckte die Evangelische Mittelschule in Gaußig 2003 die erloschene Tradition zu neuem Leben. Nicht nur schulische Leistungen, sondern auch das Engagement für die Gemeinschaft, wie initiierte Projekte oder das Wirken als Schülersprecher, sollen mit einem an Francke erinnernden Stipendium gewürdigt werden.

T62   EIN SORBISCHER GEISTLICHER UND WISSENSCHAFTLER

Andreas Lubensky, sorb. Handrij Lubjenski
(11.04.1790–19.03.1840)

Das Grabmal für Andreas Lubensky ist als ein massiver Sandsteinblock gestaltet, über dem sich ein Kreuz erhebt. Davor liegt ein mit Blüten umkränztes Buch als Verweis auf die Verdienste des Verstorbenen.

Andreas Lubensky wurde am 11. April 1790 als Sohn des Bautzener Ratsförsters in Rachlau geboren. Er besuchte das Gymnasium in Bautzen und studierte ab 1812 Theologie an der Leipziger Universität. Während seiner Studienzeit gab er der 1716 gegründeten Lausitzer Predigergesellschaft neue Impulse und war als Vikar und Hilfslehrer tätig. Nach seiner Rückkehr nach Bautzen im Jahr 1817 amtierte Lubensky zunächst als Diakon, dann als Pfarrer an der Michaeliskirche und schließlich als Pastor primarius an St. Petri. Bereits 1818 hatte er Johanna Ernestine Amalia Kappler, eine Tochter seines Amtsvorgängers, des Diakons Johann Andreas Kappler, geheiratet. Lubensky war Mitglied der Oberlausitzischen Gesellschaft der Wissenschaften und der 1826 in Bautzen gegründeten Zweigbibelgesellschaft. Neben seiner Tätigkeit als Pfarrer war er als slawischer Sprachwissenschaftler, Verfasser, Übersetzer und Herausgeber zahlreicher sorbischer Schriften aktiv und hinterließ eine sorbische Grammatik sowie ein sorbisch-deutsches Wörterbuch. Lubensky starb am 19. März 1840 in Bautzen. Er hinterließ seine Frau, zwei Söhne und fünf Töchter.

DAS GRABMAL EINES BILDHAUERS
Gottfried Gottlob Wilke (07.07.1775–02.08.1830)

Das klassizistische Grabmal für Gottfried Gottlob Wilke und seine Gemahlin besteht aus einem hochrechteckigen Postament, auf dem eine mit einem Tuch umhüllte Urne steht. An ihr sind zwei geflügelte Genien angebracht, die sich umarmen und einen Blütenkranz reichen. Weitere Symbole der Vergänglichkeit des Lebens, wie zwei gekreuzte Fackeln, sind auf dem Grabstein zu finden.

Gottfried Gottlob Wilke wurde am 7. Juli 1775 im thüringischen Buttstädt geboren. Im Mai 1803 erwarb er das Bautzener Bürgerrecht und wurde hier als Bildhauer tätig. Im Oktober des gleichen Jahres vermählte er sich mit Maria Magdalena Hübner, der Tochter des Rektors der Domstiftsschule, mit der er zwei Söhne hatte. Zu Wilkes bekanntesten Arbeiten in Bautzen gehören die Verzierungen an der 1817 entstandenen Kanzel im evangelischen Teil des Petridoms. Sicherlich schuf er auch viele Grabmäler für den Taucherfriedhof, wahrscheinlich sogar sein eigenes. Er verstarb am 2. August 1830 in Bautzen. Sein erstgeborener Sohn Carl wurde später durch die 1843 veröffentlichte „Chronik der Stadt Budissin von der Erbauung der Stadt bis zum Jahr 1830" bekannt. Carl hatte das Bautzener Gymnasium besucht und ab Oktober 1828 an der Leipziger Universität Jura studiert. Wegen der Beteiligung am Dresdener Aufstand von 1849 wurde er jedoch in Abwesenheit zu vier Jahren Zuchthaus verurteilt. Seiner Verhaftung entzog er sich durch die Flucht über Hamburg nach Amerika. Über seinen weiteren Lebensweg ist nichts bekannt.

T64 DER GARNISONSFRIEDHOF AUS DER ZEIT DES ERSTEN WELTKRIEGS

Einen eigenen Bereich auf dem alten Teil des Taucherfriedhofs bildet die Begräbnisstätte für die Toten des Reserve-Infanterie-Regiments Nr. 242 aus der Zeit des Ersten Weltkriegs. Der damaligen Gestaltung von Soldatenfriedhöfen entsprechend, wird sein Aussehen von zahlreichen gleichartigen Kreuzen aus rotem Porphyr bestimmt. Den Mittelpunkt der Anlage bildet ein großer Gedenkstein, über dem sich ein Holzkreuz erhebt.

Das Königlich Sächsische Reserve-Infanterie-Regiment Nr. 242 wurde im August und September 1914 vor allem aus Kriegsfreiwilligen aus Bautzen, Kamenz und Zittau gebildet. Nach kurzer Ausbildungszeit zogen sie als Soldaten in den Krieg. Das Regiment gehörte anfangs dem 27. Reservekorps, später der 53. Reserve-Division an und kämpfte 1914 und 1915 in Flandern, 1916 im französischen La Bassée sowie an der Somme, 1917 an der Narajiwka und an der Solota Lypa in Ostgalizien sowie 1918 erneut an der Westfront. Im September des gleichen Jahres wurde es schließlich aufgelöst und die verbliebenen Angehörigen auf andere Truppen verteilt. Die Zahl der Gefallenen des Regiments betrug 73 Offiziere und über 2.000 Soldaten. Die Errichtung des Denkmals geht auf einen 1925 erstmalig veranstalteten Regimentstag zurück. Zusätzlich erinnern die im Ehrenhain vor dem Denkmal stehenden Kreuze an knapp 400 Soldaten der in Bautzen stationierten Regimenter, die in den Kriegen 1866 und 1870/71 ihr Leben verloren.

Richard Karl Görling (23.10.1868–09.12.1951)

Die einfache Steinplatte erinnert an den früheren Bautzener Stadtbaudirektor Richard Görling. Er wurde am 23. Oktober 1868 in Wildenfels bei Zwickau als Sohn des Baumeisters Karl Eduard Görling geboren. Im November 1900 heiratete er die aus Gersdorf bei Glauchau stammende Clara Minna Münch. Bereits 1900 erhielt er seine Ernennung zum Bautzener Stadtbauinspektor, die mit der Leitung des Stadtbauamtes verbunden war. Görling oblag damit die Verantwortung für alle städtischen Hoch- und Tiefbauvorhaben. Gleichzeitig unterrichtete er bis 1911 angehende Bauhandwerker an der 1898 gegründeten Industrie- und Gewerbeschule. Sein Vorgesetzter war ab 1901 Stadtbaurat Alfred Göhre. Beide hatten anspruchsvolle Bauvorhaben zu bewältigen: Der Neubau der Realschule (heute Schillergymnasium) war gerade abgeschlossen, der Neubau des Museums stand ebenso bevor wie der Umbau des Theaters inklusive der Anbringung des „Rietschelgiebels". Weitere wichtige Aufgaben waren umfangreiche Straßenbaumaßnahmen, der Bau eines Armen- und Siechenhauses und die Errichtung eines Elektrizitätswerkes. Im Jahr 1910 wurde das Stadtbauamt in ein Tiefbau- und ein Hochbauamt gegliedert, wobei Görling bis zu seinem Ruhestand im Jahr 1933 weiter für den Hochbau verantwortlich blieb. Nachdem er die umfangreichen Kriegsschäden noch miterleben musste, die Bautzen 1945 erlitt – auch das Stadtbauamt wurde vollkommen zerstört –, starb Görling am 9. Dezember 1951 an Lungentuberkulose.

T66　AUS DEM LEBEN EINES BAUTZENER KAUFMANNS
Johann Benada (06.01.1633–31.08.1701)

Noch bis ins frühe 20. Jahrhundert befand sich das um 1690 entstandene Grabmal des Johann Benada in der Benada'schen Familiengruft in der östlichen Gruftstraße. Nach deren Abbruch wurde es an seinen heutigen Standort versetzt. Es besteht aus drei großen Steintafeln mit langen Inschriften, die anschaulich über das Leben des Verstorbenen und seiner beiden Ehefrauen berichten. An den Seiten der Tafeln finden sich die Figuren der drei Kardinaltugenden Glaube, Liebe und Hoffnung sowie der Nächstenliebe (Caritas). Darüber ist in einer Kartusche ein unter voller Takelage segelndes Schiff dargestellt. Es symbolisiert den Lauf des Lebens, der sich im Hafen vollendet, wenn das Schiff aus den christlichen Idealen seinen Antrieb erhält.

Johann Benada wurde am 6. Januar 1633 im nördlich von Bautzen gelegenen Dorf Jeschütz geboren. Seine Ausbildung zum Kaufmann absolvierte er in Leipzig und kam 1658 nach Bautzen zurück. Hier machte er sich 1661 als Leinwandhändler, einem zu dieser Zeit äußerst einträglichen Geschäft, selbstständig. Sieben Jahre später erwarb er das Haus Fleischmarkt 2, an dessen Portal noch heute seine Initialen zu finden sind. Als angesehener Bürger war er seit 1674 Mitglied des Bautzener Rates und hatte seit 1692 das Amt des Kämmerers inne. Benada war zweimal verheiratet. Aus der ersten Ehe mit Catharina Franck gingen drei Söhne sowie vier Töchter hervor. Seine zweite Ehe mit Maria Magdalena Zweigel blieb kinderlos. Die Söhne Hans Jacob, Johann Georg d. Ä. (T07) und sein gleichnamiger Enkelsohn Johann Georg d. J. (T08) führten das Geschäft nach Benadas Tod weiter.

AUS DEM BEWEGTEN LEBEN EINER TÄNZERIN

Charlotte Christine Ulbrich, geb. Thiermann
(15.10.1908–24.03.1996)

Christel Ulbrich wurde am 15. Oktober 1908 als ältestes Kind einer Försterfamilie in Tharandt geboren. Nach dem Schulbesuch absolvierte sie eine Ausbildung zur Kindergärtnerin am Sozialpädagogischen Frauenseminar in Leipzig. Während dieser Zeit kam sie mit der Rhythmik-Erziehung nach Émile Jaques-Dalcroze in Dresden-Hellerau in Berührung. Die dort gelehrte Verbindung von Musik, Körper und Geist prägte sie nachhaltig. Im Jahr 1932 übernahm sie in Bautzen einen Privatkindergarten und begann, öffentliche Laien-, Märchen- und Puppenspiele zu veranstalten. Sechs Jahre später heiratete sie den Bühnenbildner Walter Ulbrich und wurde Mutter von drei Kindern. Nach der Enteignung des Kindergartens 1945 erhielt sie die Genehmigung zur musikalischen Früherziehung von Kindern im Privatunterricht. Gleichzeitig bildete sie angehende Pädagogen in den Bereichen Singen und Tanzen aus. So entstand unter anderem das aus ihrer Feder stammende Weihnachtskinderlied „Oh es riecht gut, oh es riecht fein". Als freischaffende Tanzgruppenleiterin sowie Handpuppenspielerin widmete sie sich intensiv der frühkindlichen Erziehung in der Bautzener Musikschule und dem heutigen Steinhaus. Da sie selbst an Rheumatismus litt, nutzte sie Tanz und Bewegung auch als Therapieform und entwickelte eine eigene Methodik, die in Sanatorien und Kliniken der DDR angewandt wurde. 1992 veröffentlichte sie ihre Erfahrungen in dem Buch „Tanz dich gesund!". Christel Ulbrich starb am 24. März 1996 in Bautzen.

Text übernommen von der Gedenktafel für Christel Ulbrich am Steinhaus Bautzen, Autorin: Dr. Theresa Jacobs

T68 DAS DENKMAL FÜR DIE TOTEN DER SCHLACHT BEI BAUTZEN 1813

Im Jahr 1853 entstand das Denkmal für die toten Soldaten der verschiedenen Kriegsparteien, die in der Schlacht bei Bautzen 1813 ihr Leben verloren. An dem Granitobelisken sind auf allen vier Seiten Kanonenkugeln angebracht, die zum Teil vom Schlachtfeld stammen. Vier am Postament montierte Schrifttafeln, die die Bautzener Eisengießerei Petzold & Center herstellte, erinnern an die Kriegstoten. Zunächst stand das Denkmal auf freiem Feld. Erst im Zuge der vierten Erweiterung des Taucherfriedhofs 1899 wurde es in dessen Areal einbezogen.

Im Jahr 1813 wurde Sachsen zum Hauptschauplatz der Befreiungskriege gegen den französischen Kaiser Napoleon. Auf ihrem Rückmarsch aus Russland nach Frankreich zogen dessen Soldaten auch durch die Oberlausitz. Hier kam es am 20. und 21. Mai 1813 zu einer Schlacht zwischen ihnen sowie den verbündeten preußischen und russischen Truppen. In der Umgebung von Bautzen trafen circa 250.000 Soldaten mit rund 30.000 Pferden aufeinander. Die Franzosen verloren nach verschiedenen Quellen bis zu 25.000 Mann, die Verbündeten bis zu 20.000 Mann. Viele der Dörfer in der Bautzener Umgebung waren völlig verwüstet. Obwohl Napoleon in dieser Schlacht nur einen Geländegewinn verzeichnen konnte, wird sie für ihn als Sieg gewertet und ist als solcher auch am Pariser Triumphbogen als Bataille de Wurschen (bzw. Schlacht bei Bautzen) verzeichnet. Wie die Inschriften berichten, wurden rund 1.400 tote Soldaten rund um das Denkmal in Massengräbern bestattet.

Wie ein hoch aufragender Felsblock ist das Grabmal der Familie Hochauf gestaltet. Neben dem Stein steht die Bronzefigur eines trauernden Hirten. Sie ist vermutlich ein Werk des für ähnlich gestaltete Plastiken bekannten Dresdener Bildhauers Selmar Werner.

Das Grabmal der Familie Hochauf ist auch ein Beispiel für die hohe Sterblichkeit während einer Epidemie bzw. einer Pandemie. Während der Erste Weltkrieg rund 17 Millionen Menschen das Leben kostete, fielen der zwischen 1918 und 1920 auf dem gesamten Erdball wütenden Spanischen Grippe je nach Schätzung 20 bis mehr als 100 Millionen Menschen zum Opfer. Auch in Bautzen verzeichnete die Statistik für 1918 deutlich mehr Sterbefälle als in den Jahren zuvor, was auf die Spanische Grippe zurückzuführen ist. Am 2. Dezember 1918 musste der Metallwarenfabrikant Carl Friedrich Hochauf, dessen Unternehmen im Spreetal südlich der Stadt lag, dem Bautzener Standesamt den Tod seiner beiden Kinder anzeigen. Die 31-jährige Tochter war am 30. November an der Grippe gestorben, kurz darauf am 1. Dezember folgte der 29-jährige Sohn. Damals wurde ein Bakterium als Ursache für die Krankheitswelle vermutet, aber auch Verschwörungstheorien waren im Umlauf. Der Erreger der Spanischen Grippe, der Virus H1N1, konnte erst Anfang der 1930er Jahre durch amerikanische und britische Forscher nachgewiesen werden. Als eine Folge der Spanischen Grippe entwickelte sich die Virologie zu einem eigenständigen Zweig der Wissenschaft.

T70/T71 ZWEI MASSENGRÄBER FÜR OPFER DES ZWEITEN WELTKRIEGS

Massengrab für 350 Bürgerinnen und Bürger und
Massengrab für 700 Soldaten, Männer, Frauen und Kinder

Eine große Steinstele mit Inschrift markiert das Massengrab für 700 Opfer aus den letzten Wochen des Zweiten Weltkriegs. Nicht weit davon entfernt befindet sich ein weiteres Massengrab für 350 Kriegstote. An sie erinnert eine auf dem Boden liegenden Steinplatte mit dem Psalmwort „Sei nicht ferne von mir, denn Angst ist nahe".

Bautzen war von den Kämpfen zwischen der deutschen Wehrmacht sowie der sowjetischen Roten Armee und der polnischen Armee wenige Wochen vor Ende des Zweiten Weltkriegs besonders schwer betroffen. Zweimal ging die Front über die Stadt hinweg, was große Zerstörungen und zahlreiche Tote hinterließ. Der Kampfkommandant der Wehrmacht, Oberst Dietrich Hoepke, hielt ab dem 18. April 1945 auf der Ortenburg ein Standgericht gegen Soldaten ab, die nicht in ihren Stellungen geblieben waren; sie wurden als Deserteure hingerichtet. Die vom 19. bis 27. April 1945 tobende Schlacht um Bautzen war von der letzten größeren deutschen Panzeroffensive, wechselnden Besetzungen sowie einem tagelangen Häuserkampf gekennzeichnet. Am Ende der Kämpfe war etwa ein Drittel des Wohnungsbestandes in unterschiedlichem Maße in Mitleidenschaft gezogen worden und nicht mehr nutzbar. Bei den Kampfhandlungen wurden alle Spreebrücken, 46 Kleinbetriebe, 23 größere Betriebe und 35 öffentliche Gebäude völlig zerstört. Auch zahlreiche historische Baudenkmäler wie der Petridom, die Ortenburg, die Michaeliskirche oder der Lauenturm waren stark beschädigt worden. Neben den circa 6.500 Soldaten, die in und um Bautzen ihr Leben ließen, waren mehr als 400 zivile Opfer zu beklagen. Sie kamen entweder direkt in den Kampfhandlungen oder auf der Flucht aus der Stadt ums Leben. Ihre Leichen wurden aus den Straßen und Häusern geborgen, auf dem Taucherfriedhof gesammelt und in den beiden Massengräbern beigesetzt. Das schwer zerstörte und nahezu menschenleere Bautzen wurde erst nach der deutschen Kapitulation am 8. Mai 1945 durch das 32. Polnische Infanterie-Regiment kampflos besetzt.

Wir danken Eberhard Berndt für die Beratung zu den Kriegsgräbern 1945 (betrifft auch T59 und M08).

T72   EINE MALERIN DES EXPRESSIONISMUS
Marianne Britze (11.06.1883–21.05.1980)

Eine schlichte Inschriftenplatte erinnert an die Malerin Marianne Britze. Geboren wurde sie am 11. Juni 1883 als Tochter des Bautzener Kommerzienrates Gustav Heinrich Britze, Inhaber eines Feinkostunternehmens, auf den der bekannte Bautz'ner Senf zurückgeht. Da ihr als Frau ein Studium an der Dresdener Kunstakademie verwehrt blieb, ließ sie sich von 1909 bis 1914 im Damenatelier des Dresdener Malers Ferdinand Dorsch ausbilden. Dort lernte sie den Maler Conrad Felixmüller kennen, mit dem sie eine lebenslange Freundschaft verband. Nach dem Ersten Weltkrieg wurde Britze zu einer der bedeutendsten Malerinnen des Expressionismus in Deutschland. Motive aus der Bautzener Altstadt wählte sie häufig für ihre Gemälde und Druckgrafiken. Gemeinsam mit Malern wie Max Liebermann, Oskar Kokoschka und Max Beckmann war sie seit 1928 Mitglied des Deutschen Künstlerbunds, zudem seit 1929 des von Käthe Kollwitz geleiteten Berliner Frauenkunstvereins. In das Bautzener Künstlerleben brachte sie sich gleichfalls aktiv ein und übernahm für mehrere Jahre die Leitung der Arbeitsgemeinschaft Lausitzer bildender Künstler. Bis ins hohe Alter wohnte Marianne Britze in der Familienvilla auf der Bautzener Bahnhofstraße, die heute der Sitz des Sorbischen Instituts ist. Sie starb unverheiratet am 21. Mai 1980. Ihr zu Ehren wurde 2001 der „Marianne-Britze-Weg" eingeweiht. Auch der vom Bautzener Kunstverein gepflegte Villengarten hinter ihrem früheren Wohnhaus trägt heute ihren Namen.

Das aus Beton geschaffene Denkmal wurde von dem polnischen Kriegsgefangenen Romuald Zerych im Jahr 1918 gestaltet. Vor der frei stehenden Wand lagern auf einem rampenartigen Sockel die Figuren eines sterbenden Kriegers mit abgebrochenem Schwert und eines ihn betrauernden Engels. Unterhalb sind am Sockel der russische St.-Georgs-Orden sowie das französische Ehrenkreuz angebracht. An der Wand ist in linearer Gravur die aufgehende Sonne dargestellt. Die hoffnungsvolle lateinische Hauptinschrift des Denkmals für die Toten des Bautzener Kriegsgefangenenlagers im Ersten Weltkrieg lautet: „Ihre Gebeine sind die Grundlage für die Befreiung, Erneuerung und den ewigen Frieden unserer Völker."

Dieses Lager befand sich auf dem Gelände der Artillerie-Kaserne an der Paul-Neck-Straße, heute Firmensitz der Regionalbus Oberlausitz GmbH. In ihm wurden Soldaten festgehalten, die an der West- und der Ostfront in Gefangenschaft geraten waren. Wegen der schlechten hygienischen Verhältnisse verstarben einige von ihnen. Um sie bestatten zu können, stellte die Kirchgemeinde St. Petri einen bis dahin noch ungenutzten Bereich im jüngsten Teil des Taucherfriedhofs zur Verfügung. Hier wurden 203 russische, 37 italienische, sieben französische, sechs serbische und ein englischer Kriegsgefangener beigesetzt. Während der Zeit des Nationalsozialismus wurde das Areal stark vernachlässigt. Zwar erfolgte 1947 eine umfassende Wiederherstellung, doch wurden die einst vorhandenen Grabsteine und Holzkreuze im Jahr 1960 entfernt, so dass von den ursprünglichen Grabstätten nichts mehr erhalten ist.

T74 EIN DENKMAL ZUR ERINNERUNG AN OPFER DES NATIONALSOZIALISMUS
33 polnische Bürgerinnen und Bürger

In der nordöstlichen Ecke des Taucherfriedhofs erinnert dieses vom Steinmetz Herbert Renner am Beginn der 1980er Jahre gestaltete Denkmal laut Inschrift an 33 polnische Bürgerinnen und Bürger. Es existiert jedoch keine schriftliche Überlieferung dazu, wer hier tatsächlich begraben ist. Durch intensive Recherchen konnte immerhin ermittelt werden, dass es sich bei den hier Bestatteten mit hoher Wahrscheinlichkeit um Deutsche und Polen aus Wolhynien und Galizien handelt, die während ihrer Zwangsumsiedlung durch die Nationalsozialisten nach Bautzen gekommen und hier verstorben waren. Laut der Inschrift auf der Granitplatte waren es „6 Männer, 4 Frauen und 21 Kinder".

Im Januar 1940 informierte die Tagespresse über den Zuzug von 2.000 „wolhyniendeutschen Volksgenossen" in den Kreis Bautzen, hauptsächlich Frauen und Kinder sowie ältere Personen. Als Wolhyniendeutsche bezeichnete man die Nachkommen deutscher Auswanderer, die sich zwischen 1860 und 1895 in Wolhynien angesiedelt hatten, einer Region, die heute zur Ukraine, zu Polen und zu Belarus gehört. Auf der Grundlage eines „Führererlasses" vom 7. Oktober 1939 begannen die Nationalsozialisten mit der Umsiedlung von sogenannten Volksdeutschen, die sie unter dem Motto „Heim ins Reich" propagierten. Insgesamt gelangten rund 770.000 Personen im Zuge der nationalsozialistischen Siedlungspolitik u. a. aus den baltischen Staaten, aus Wolhynien, Galizien, Rumänien, der Bukowina, Bessarabien, Serbien, Kroatien und Bulgarien in das sogenannte „Altreich" bzw. in die von Deutschland besetzten Teile Polens. Die Betreuung dieser „Umsiedler" oblag der „Volksdeutschen Mittelstelle" mit Hauptsitz in Litzmannstadt (heute Łódź, Polen). Sie überprüfte die Umgesiedelten in Hinblick auf ihre politische Einstellung und „rassische Tauglichkeit" und teilte sie in drei Gruppen ein: jene Personen, die die besetzten Territorien besiedeln sollten, „Umsiedler", die zum „Arbeitseinsatz" in das „Altreich" gebracht wurden, sowie sogenannte „Sonderbehandlungsfälle", die zurückgeschickt werden sollten. Zuvor hatten die Nationalsozialisten bereits die polnische Bevölkerung in das sogenannte „Generalgouvernement" umgesiedelt und die dort ansässigen Jüdinnen und Juden in Kon-

zentrations- und Vernichtungslager deportiert. Zwischen dem 5. und 8. Februar 1940 kamen auch im Kreis Bautzen „Volksdeutsche" aus Galizien und Wolhynien an. Allerdings war ihr gesundheitlicher Zustand teilweise so schlecht, dass viele von ihnen in den Folgetagen in das Bautzener Krankenhaus aufgenommen werden mussten. Vor allem die Kinder überlebten Krankheiten wie Masern, Scharlach, Diphtherie oder Keuchhusten nicht. Die Verstorbenen wurden auf dem Taucherfriedhof bestattet, allerdings nicht an jener Stelle, an der sich das Denkmal befindet, sondern etwa 20 Meter südwestlich davon, wo sich ein großes Holzkreuz über ihren Gräbern erhebt.

Wir danken Dr. Uta Bretschneider für die Beratung zum Thema.

T75   EIN LEHRER UND GESCHICHTSFORSCHER
Herbert Flügel (06.09.1908–09.10.2007)

Geboren am 6. September 1908 in Ellefeld/Vogtland, zog Herbert Flügel mit seinen Eltern zunächst nach Dresden, später nach Wehrsdorf. An der Landständischen Oberschule in Bautzen legte er 1928 das Abitur ab und absolvierte anschließend bis 1931 ein Lehramtsstudium an der Universität Leipzig. Danach war er an verschiedenen Schulen tätig, bevor er 1938 seine erste Festanstellung in Malschwitz erhielt. Im gleichen Jahr heiratete er Anneliese Andrich aus Bautzen. Während des Zweiten Weltkriegs wurde Flügel zum Militärdienst einberufen. Nach der Rückkehr aus der Kriegsgefangenschaft 1948 erhielt er eine Anstellung bei der DEWAG in Bautzen, die er bis 1954 innehatte. Danach konnte er endlich als Lehrer und später stellvertretender Direktor an der Hilfsschule in Bischofswerda wieder in den Schuldienst zurückkehren. Als Pensionär widmete er sich ab 1973 intensiv seinen weiteren Interessen: der Musik und der Heimatgeschichte. Auf vielfältige Weise beschäftigte er sich mit der Geschichte von Bautzen und setzte sich für den Erhalt von Baudenkmälern ein. Besonders aktiv war er im Kulturbund der DDR und nach der friedlichen Revolution im Verein Altstadt Bautzen e. V. Mit zahlreichen Publikationen, bei Vorträgen oder als Stadtführer gab Flügel sein Wissen weiter. In Würdigung seiner Verdienste wurde er am 17. Juli 2006 zum Ehrenbürger von Bautzen ernannt. Bis zu seinem Tod am 9. Oktober 2007 nahm Herbert Flügel regen Anteil am geistigen und kulturellen Leben der Stadt Bautzen.

EIN KÜNSTLER IN SCHWIERIGEN ZEITEN
Hugo Berthold Hunger (24.10.1879–22.10.1961)

Der modern gestaltete Grabstein erinnert an den Maler Berthold Hunger. Er wurde am 24. Oktober 1879 als Sohn des Re-
alschullehrers Ernst Hugo Hunger in Bautzen geboren. Nach
einer Ausbildung zum Lithografen besuchte er bis 1904 die
Kunstakademien in Karlsruhe und Dresden. Daran schloss
sich eine kurze Zeit als Plakatmaler in Frankfurt am Main
sowie der Besuch der Académie Julian – einer angesehenen
Privatakademie in Paris – an. Von 1913 bis 1945 war Hunger als Zeichenlehrer an der Bautzener Gewerbeschule und
an anderen Schulen der Stadt tätig, unterbrochen lediglich
durch seine Zeit als Soldat im Ersten Weltkrieg. Im Jahr 1932
heiratete er die Musterzeichnerin Dora Henriette Bernhardt.
Mit dem Ziel, nach dem Ende des Ersten Weltkriegs Kunst
und Kultur in Bautzen wieder zu entfalten, wurde 1919 unter
Hungers Vorsitz die „Freie Künstlervereinigung Bautzen"
gegründet. Hunger malte bevorzugt stille Motive, meist An-
sichten von Bautzen, die er naturalistisch und farbintensiv
gestaltete. Auch trat er mit Bildern von Industrieanlagen in
Erscheinung, in denen der Stil der Neuen Sachlichkeit an-
klingt. Einige seiner Werke befinden sich im Bestand des
Museums Bautzen. Dazu gehören auch die um 1930 entstandenen Porträts der Stifterinnen Fanny und Elise Wannack.
Berthold Hunger starb am 22. Oktober 1961 in seiner Wohnung auf der Kurt-Pchalek-Straße 8.

T77 EIN ENGEL FÜR EINEN RECHTSANWALT
Carl Paul Theodor Naumann (08.01.1841–02.04.1905)

Vor einer Rundbogennische aus poliertem Syenit erhebt sich über dem Grabstein für Carl Paul Theodor Naumann und seine Familie die aus weißem Marmor geschaffene Figur eines Engels. Seine Hände sind zum Gebet gefaltet und sein Blick ist dem Himmel zugewandt. Die Skulptur ist eines der letzten Werke des bekannten Dresdener Bildhauers Johannes Schilling. Als Schüler von Ernst Rietschel, Christian Daniel Rauch und Johann Friedrich Drake gehörte er zu den führenden Bildhauern in Sachsen in der zweiten Hälfte des 19. Jahrhunderts. Ausgestattet mit diesem hochwertigen Kunstwerk ist das Grabmal Naumanns ein typisches Beispiel für die großbürgerliche Friedhofskunst aus der Zeit um 1900.

Geboren wurde Carl Paul Theodor Naumann am 8. Januar 1841 als Sohn des Gerichtsdirektors Karl Eduard Naumann in Kamenz. Ab 1860 studierte er Jura an der Leipziger Universität und kam um 1880 nach Bautzen, wo er eine Rechtsanwaltskanzlei eröffnete. Im November 1883 erlangte er das Bautzener Bürgerrecht und heiratete wenig später Emilie Ida Schedlich-Hermann aus Nieder-Rathen. Im Jahr 1898 nahm er seinen Sohn Karl Wilhelm Naumann als Referendar und später als Rechtsanwalt in die Kanzlei auf. Die Kanzlei befand sich auf der Seminarstraße und verblieb auch dort, nachdem er seine Wohnung in das 1899 errichtete Haus Wettinstraße 16 (jetzt Karl-Liebknecht-Straße) verlegt hatte. Naumann starb am 2. April 1905 in Bautzen und hinterließ neben seiner Frau zwei Söhne und eine Tochter. Sein Sohn Karl Wilhelm führte die Rechtsanwaltskanzlei noch mehrere Jahrzehnte fort.

MEHRERE GENERATIONEN VON PAPIERHERSTELLERN
Familie Fischer

Das Erbbegräbnis am nördlichen Rand des Taucherfriedhofs ist die letzte Ruhestätte der Unternehmerfamilie Fischer. Sie gilt als Begründerin der Papierproduktion in und um Bautzen und betrieb über mehrere Generationen Papierfabriken vor Ort. Die ältesten Grabmäler stammen noch aus dem 18. Jahrhundert und wurden, wie eine Inschrift besagt, nach der vierten Erweiterung des Taucherfriedhofs im späten 19. Jahrhundert hierher versetzt. Ende des 17. Jahrhunderts erwarb Michael Fischer die Bautzener Papiermühle, die daraufhin über viele Jahrzehnte im Familienbesitz verblieb. Carl Friedrich August Fischer übernahm 1799 die Geschäfte, baute die Mühle zu einer Papierfabrik aus und erwarb 1805 noch die Oberguriger Papiermühle hinzu. Bereits 1836 waren an beiden Standorten circa 250 Mitarbeiter beschäftigt. Nachdem der Firmengründer 1842 einem Schlaganfall erlegen war, führte seine Witwe das

Unternehmen mit einem technischen und einem kaufmännischen Leiter fort, bis 1851/1859 ihre Söhne Carl Friedrich Adolf Fischer und August Johannes Fischer in die Firma eintraten. Die vielfach prämierten Bautzener Papiere wurden nicht nur in Europa, sondern auch im Nahen Osten und in den USA erfolgreich verkauft. Das Unternehmen blieb im Besitz der Familie Fischer, bis 1871 durch den Zusammenschluss der regionalen Papiermühlen die „Vereinigten Bautzener Papierfabriken AG" mit dem Hauptwerk in der Seidau entstand. Um 1930 war der Betrieb mit rund 1.200 Mitarbeitern der modernste seiner Art in Deutschland und wohl auch in Europa. Nach dem Zweiten Weltkrieg endete mit der vollständigen Demontage der Produktionsanlagen als Teil der Reparationsleistungen an die Sowjetunion die Tradition der Bautzener Papierherstellung.

ÜBERLEBT IM VERSTECK

Rolf Friedmann (19.07.1876–09.11.1957)

Rudolph („Rolf") Alexander Alexandrowitsch Friedmann, an den der schlichte Grabstein erinnert, wurde am 19. Juli 1876 in Kischinew (mold./rum. Chişinău), heute Hauptstadt der Republik Moldau, als Sohn eines zum evangelischen Glauben konvertierten jüdischen Kaufmanns geboren. Auf Anraten des Malers Ilja Repin studierte er in Berlin und Dresden Malerei. Nach Aufenthalten

in Italien, wo er im Haus von Maxim Gorki wohnte, sowie in München kam er durch einen Auftrag 1906 nach Bautzen. Im Jahr 1920 war er Gründungsmitglied und Vorsitzender des Lausitzer Kunstvereins. Auf der Suche nach einem Aktmodell lernte er seine Frau kennen, die er 1928 heiratete und mit der er den Sohn Rolf hatte. Die Nazidiktatur brachte für die Familie schwere Einschränkungen und Gefahren. Rolf Friedmann unterlag ab 1942 einem Berufsverbot, sein Sohn durfte nicht mehr zur Schule gehen. Im Oktober 1944 gelang es ihm, sich in seiner Wohnung in der Alten Kaserne am Wendischen Graben vor der Deportation zu verstecken. Versorgt wurde er unter anderem von der Glaserfamilie Wilhelm (T86) und dem Sohn des Orthopädieschuhmachers Jähne. Das Ende des Zweiten Weltkriegs war für Friedmann gleichbedeutend mit der Befreiung aus seinem Versteck. Große Verdienste erwarb er sich unmittelbar nach Kriegsende als Dolmetscher zwischen der russischen Kommandantur und der im Aufbau befindlichen Stadtverwaltung. Friedmann war bis zu seinem Tod am 9. November 1957 als Maler in Bautzen tätig. Auf seinem Grab wurde 2010 mit Unterstützung der Kreissparkasse Bautzen und des Hotels „Bei Schumann" in Kirschau ein neuer Grabstein errichtet.

T80 EIN EXPERTE DER SORBISCHEN SPRACHE
Pawoł Völkel, dt. Paul Völkel (13.09.1931–16.12.1997)

Pawoł Völkel wurde am 13. September 1931 in Crostwitz als Sohn eines Handwerkers geboren. In dem westlich von Bautzen gelegenen Dorf besuchte er auch die Volksschule. Die weiterführende Schulbildung erhielt er in Kamenz, Česká Lípa, Varnsdorf, Liberec und Bautzen, wo er dem ersten Abiturientenjahrgang der 1947 gegründeten Sorbischen Oberschule angehörte. Das anschließende Slawistikstudium an der Universität Leipzig schloss er 1956 mit seiner Promotion ab. Es folgten acht Jahre als Lektor für sorbischsprachige pädagogische Zeitschriften und Schulbücher beim Verlag Volk und Wissen, dessen sorbische Redaktion in Bautzen arbeitete und die im 1958 gegündeten Domowina-Verlag aufging. Hier übernahm Völkel im April 1964 zunächst die Leitung des Lektorats für schöngeistige Literatur und ab Mai 1965 schließlich das Cheflektorat, das er bis Juli 1989 innehatte. Bereits im Mai 1989 wurde er Verlagsleiter und blieb nach der Umwandlung des volkseigenen Betriebs in eine GmbH bis Dezember 1992 deren Geschäftsführer. Gemeinsam mit seiner Frau Hanaróža geb. Petrichec übersetzte Völkel 1967 Erwin Strittmatters „Schulzenhofer Kramkalender" ins Obersorbische. Außerdem ist er Autor des obersorbischen Rechtschreibwörterbuchs, das dem deutschen Duden entspricht, und der obersorbischen Orthografie- und Interpunktionsregeln. Pawoł Völkel starb am 16. Dezember 1997 in Bautzen.

Friedrich Ferdinand Felix Wilhelm (19.02.1863–16.12.1941)

Felix Wilhelm wurde am 19. Februar 1863 im Bautzener Haus Burglehn 1 als Sohn des Tischlermeisters Hermann Wilhelm und seiner Frau Wilhelmine geboren. Nach dem Besuch des Bautzener Lehrerseminars unterrichte er an verschiedenen Schulen in der Umgebung, bevor er 1913 eine Festanstellung an der eben erst gegründeten Bautzener Pestalozzischule erhielt. Im Jahr 1901 gehörte er zu den Gründungsmitgliedern der „Gesellschaft für Vorgeschichte und Geschichte der Oberlausitz" und war fortan in deren Vorstand aktiv. Außerdem betätigte er sich als archäologischer Grabungsleiter und Präparator. Daneben stand er viele Jahre dem Bautzener Schützenverein vor, war von 1896 bis 1919 Angehöriger der Stadtverordnetenversammlung und erwarb sich Verdienste um den 1912 vollendeten Neubau des Stadtmuseums. Von 1919 bis 1921 war Wilhelm als Dezernent für Volksbildung tätig. Er hielt zahlreiche öffentliche Vorträge zur Stadtgeschichte, von denen eine Vielzahl publiziert wurde. In seinen wissenschaftlichen Veröffentlichungen widmete er sich unter anderem der Geschichte der Bautzener Stadtverteidigung sowie des Schützenwesens. Darüber hinaus gehörte er zu den regelmäßigen Autoren der 1909 begründeten Bautzener Geschichtsblätter bzw. Geschichtshefte. Bereits 1924 wurde Wilhelm aus gesundheitlichen Gründen in den Ruhestand versetzt; er starb am 16. Dezember 1941 an den Folgen eines Schlaganfalls. Seit 1888 war er mit Maria Martha geb. Groß verheiratet. Aus der Ehe ging der Sohn Hermann Wilhelm hervor.

T82 EIN BACHCHORAL IN SORBISCHER SPRACHE
Carl Hoppe (20.04.1817–14.12.1901)
Marie Hoppe (13.03.1822–08.04.1898)

Das aus schwarzem Syenit gearbeitete Grabmal erinnert an Carl und Marie Hoppe. Es ist jedoch weniger wegen seiner bildhauerischen Gestaltung bemerkenswert als wegen der Inschriften. Während die Texte, die an die beiden Verstorbenen erinnern, in deutscher Sprache verfasst sind, findet sich im unteren Teil eine längere Inschrift in sorbischer Sprache. Dabei handelt es sich um die letzte Strophe des Chorals „Der lieben Sonne Licht und Pracht" von Johann Sebastian Bach in einer Übersetzung aus dem Gesangbuch der evangelischen Sorben. Die darin enthaltenen Liedtexte und in der Folge auch die Inschrift auf dem Grabstein sind noch in einer alten Schreibweise verfasst, die aus einer Zeit stammte, bevor diakritische Zeichen für die sorbische Schriftsprache entwickelt und eine verbindliche Orthografie eingeführt wurde. Das Grabmal Hoppe ist das einzige auf dem Taucherfriedhof, auf dem diese alte sorbische Schreibweise noch zu finden ist.

Carl Hoppe wurde am 20. April 1817 im damals preußischen Dorf Niedercosel bei Niesky geboren. Seine spätere Ehefrau Marie kam am 13. März 1822 in Dauban zur Welt. Ihre Trauung vollzogen sie am 26. Oktober 1851 in der Bautzener Kirche St. Michael. Die Hoppes wohnten zunächst auf der Fischergasse, später auf dem Scharfenweg. Wahrscheinlich führten sie ein einfaches Leben, da Carl den Familienunterhalt als Kutscher verdiente. Vermutlich wählten sie den Choraltext für ihren Grabstein, da er die Furcht vor dem Tod nimmt, indem er der Hoffnung auf Auferstehung Ausdruck gibt.

EIN MALER UND FRIEDHOFSPFLEGER

Alfred Herzog (29.12.1895–17.01.1988)

Das schlichte Grabmal erinnert an den Maler Alfred Herzog und seine Familie. Herzog wurde am 29. Dezember 1895 in Neulauba bei Löbau geboren. Nach seiner Ausbildung zum Volksschullehrer am Bautzener Landständischen Seminar absolvierte er ab 1920 zusätzlich eine Ausbildung zum Lehrer für Kunsterziehung an der Dresdener Kunstgewerbeschule. Als Kunsterzieher war er bis 1945 an der Landständischen Oberschule in Bautzen tätig. Nach dem Zweiten Weltkrieg wirkte Herzog als freischaffender Künstler, schuf zahlreiche Aquarelle, Radierungen und Zeichnungen, leitete Malzirkel, gab Unterricht an der Steinmetzschule in Demitz-Thumitz und wandte sich der Denkmalpflege zu. Sein flächenmäßig größtes Werk war die Gestaltung von acht Wandbildern in Putzschnitttechnik im Bautzener Bahnhof, die charakteristische Berufe der Region darstellen. Seit den 1950er Jahren war Herzog zudem als Friedhofspfleger auf dem Taucherfriedhof angestellt. Hier widmete er sich insbesondere dem Erhalt der historischen Grabmäler, entwarf selbst Grabdenkmäler und gab Hinweise für die Gestaltung der Bestattungsorte. Mit viel Engagement stemmte er sich gegen den zunehmenden Verfall auf dem historischen Friedhofsgelände, dem er jedoch oft nur hilflos zusehen konnte. Überdies publizierte Herzog regelmäßig zu verschiedenen Themen in der Zeitschrift „Bautzener Kulturschau" sowie in den Mitteilungen der evangelischen Kirchgemeinde St. Petri zu Bautzen. Alfred Herzog starb am 17. Januar 1988 in Bautzen.

T84 EIN MALER DER OBERLAUSITZ

Friedrich Krause-Osten (09.05.1884–11.02.1966)

Ein schlichtes, sandsteinernes Grabmal, dessen einziger Schmuck eine Blütengirlande ist, erinnert an den Maler Friedrich Krause-Osten. Geboren wurde er am 9. Mai 1884 in Riga als Sohn eines am dortigen Stadttheater tätigen Pianisten. Ab 1905 studierte Krause-Osten Malerei an der Kunstakademie von Königsberg (heute Kaliningrad/Russland). Kurz vor Ausbruch des Ersten Weltkriegs unternahm er eine Studienreise durch Russland, bei der er auch den bekannten Maler Ilja Repin kennenlernte. Über Aufträge in Berlin und Schlesien kam er 1923 schließlich nach Bautzen, das ihm zur Wahlheimat wurde. Hier galt seine künstlerische Vorliebe dem Bautzener Stadtbild, der Lausitzer Heide- und Teichlandschaft sowie insbesondere der Darstellung sorbischer Trachten und Volksbräuche. Seinen künstlerischen Durchbruch erzielte Krause-Osten mit dem Ölgemälde „Dudelsackpfeifer aus Schleife", dass 1926 auf der Berliner Kunstausstellung gezeigt und vom Sächsischen Kultusministerium angekauft wurde (heute Museum Bautzen). Trotz dieser Wertschätzung ermöglichte ihm aber erst sein Cellospiel einen einträglichen Lebensunterhalt. Im August 1933 heiratete er Clara Emilia Hälsig, eine kunstgewerbliche Schneidermeisterin. Ihr gemeinsamer Sohn wurde 1934 geboren. Nach Ende des Zweiten Weltkriegs war Krause-Osten vor allem als Porträtmaler aktiv. Er starb am 11. Februar 1966 in Bautzen. Das Bautzener Museum bewahrt eine Vielzahl seiner Werke.

ZUR ERINNERUNG AN EINEN ERFOLGREICHEN UNTERNEHMER

Wilhelm August Eduard Weigang (27.02.1843–30.06.1912) und Familie

Wie ein Portikus ist das Grabmal für Wilhelm August Eduard Weigang und seine Familie gestaltet. Zwei in die Rückwand eingelassene Bronzeplatten zeigen Putten neben antiken Urnen. Auf welchen Künstler der Entwurf des Grabmals zurückgeht, ist nicht bekannt. Wilhelm August Eduard Weigang wurde am 27. Februar 1843 als viertes Kind des Bautzener Druckereibesitzers Wilhelm Adolph Weigang und seiner Frau Friederike Louise geb. Falcke geboren. Anders als sein älterer Bruder Otto (T90) lernte er nicht im väterlichen Betrieb, sondern trat eine Kaufmannslehre in Bautzen an. Nach dem Abschluss der Ausbildung ging er nach Magdeburg, um praktische Erfahrungen in der Unternehmensführung zu sammeln. Geschäftsreisen führten ihn durch Deutschland, aber auch nach Frankreich, Belgien, die Niederlande, Schweden, Österreich und in die Schweiz. 1867 holte ihn sein Bruder Otto in die väterliche Druckerei zurück, deren kaufmännischer Geschäftsführer er wurde. In erster Ehe war er mit Elise Minna Nierth und nach deren frühem Tod in zweiter Ehe mit Anna Christiane Minna Schulze verheiratet. Neben der Arbeit in der Druckerei engagierte sich Weigang für soziale Belange und städtische Ehrenämter; so war er Mitglied des Stadtverordnetenkollegiums und wirkte im Vorstand der Kaufmannsinnung und der Handelslehranstalt mit. Zwischen 1885 und 1891 gehörte er der Zweiten Kammer des Sächsischen Landtags an. Nachdem sein Bruder Otto 1910 aus dem Familienunternehmen ausgeschieden war, führte er den Betrieb als Alleineigentümer fort. Unterstützt wurde er von seinen Söhnen Eduard Friedrich Wilhelm und Eduard Rudolf. Wilhelm August Eduard Weigang verstarb während einer Geschäftsreise am 30. Juni 1912 in München an einem Herzinfarkt.

T86 EINE FAMILIE VON GLASERN

Rudolf Wilhelm (20.03.1828–20.05.1899)
Richard Wilhelm (11.10.1868–22.03.1918)

Die Familie Wilhelm, an die das Erbbegräbnis erinnert, hat die Entwicklung des Glaserhandwerks in Bautzen zwischen 1688 und 1958 über acht Generationen maßgeblich geprägt. Den Anfang machte der in Torgau aufgewachsene Andreas Wilhelm, der 1688 seine Meisterprüfung in Bautzen ablegte und sich hier als Glasmacher niederließ. Zu seinen Nachkommen gehörte Rudolf Wilhelm, der nach seiner Ausbildung und Wanderschaft 1853 in Bautzen sein eigenes Geschäft in der Wendischen Straße 16 eröffnete und sich auf die Anfertigung von Kunstglaserarbeiten spezialisierte. Sein zweiter Sohn, Richard Wilhelm, erwarb sich ebenfalls einen guten Ruf als Kunstglasermeister und war außerdem als Glasmaler tätig. Sein Interesse galt zudem der Familienforschung und der Heimatgeschichte, der er viel Zeit widmete. Außerdem engagierte er sich in der Armenversorgung. Nachdem Richard Wilhelm unverheiratet und kinderlos verstorben war, betrieben die Nachfahren seiner Schwester die Glaserei weiter. Besonders der als Kaufmann ausgebildete Johannes Wilhelm (1895–1940) brachte sich in das Geschäft ein. Nach seinem Tod führte seine Witwe Martha geb. Schiller (1896–1971) die Glaserei fort und übergab sie 1947 an ihren Sohn Reinhard (1925–1983). Dieser musste das Geschäft 1958 aus gesundheitlichen Gründen aufgeben. Damit endete die über viele Jahrhunderte währende Tradition der Glaserfamilie Wilhelm in Bautzen.

Die Grabanlage der Familie Elssner ist ein repräsentatives Beispiel für die Bestattungskultur des Bautzener Bürgertums in der Zeit um 1900. Den Mittelpunkt bildet eine sandsteinerne Stele, die von einer Urne bekrönt wird und von mehreren Grabplatten umgeben ist. Ihre Formen erinnern an Grabmäler des Klassizismus aus der Zeit um 1800, die für die Friedhofskunst des frühen 20. Jahrhunderts vorbildhaft waren.

In der Grabanlage fanden sechs Mitglieder der Familie Elssner aus drei Generationen ihre letzte Ruhestätte. Ernst Gotthelf Elssner (1827–1914) trug den Titel eines Königlich Sächsischen Musikdirektors. Geboren in Niedercunnersdorf bei Löbau, hatte er das Landständische Seminar in Bautzen besucht und war später als Lehrer in Löbau sowie als Kantor in Mittweida tätig. Von 1869 bis 1893 unterrichtete er schließlich als Oberlehrer für Musik am Bautzener Landständischen Lehrerseminar. Er war mit Fanny Marie Clemens verheiratet, mit der er die Söhne Carl Alexander und Ernst Emanuel hatte. Ernst Emanuel (1861–1940) war seit 1889 mit Anna Martha Gitt verheiratet und praktizierte ab 1896 als Sanitätsrat in Bautzen. Das Ehepaar hatte zwei Söhne, den früh verstorbenen Walter und den Sohn Heinrich (1894–1914). An ihn erinnert das aus Porphyr hergestellte Kreuz, das offensichtlich aus dem Ehrenhain für die Gefallenen des Reserve-Infanterie-Regiments 242 (T64) hierher versetzt worden ist. Sein auf dem Kreuz genannter Todestag ist mit dem Datum identisch, an dem das Regiment in Flandern erstmals Feindkontakt hatte.

T88   EINE FAMILIE VON ORGELBAUERN

Hermann August Eule (04.01.1846–27.07.1929)
Johanna Elisabeth Eule (13.12.1877–30.04.1970)
Hans Eule (15.03.1923–20.08.1971)
Ingeborg Eule geb. Schirmer (07.01.1925–23.08.2017)

Einem Orgelprospekt ist das Grabmal der Familie Eule nachempfunden. Seit 150 Jahren betreibt sie in Bautzen eine international erfolgreiche Orgelbauwerkstatt. Hermann August Eule gründete das Unternehmen 1872 und setzte damit eine seit dem 16. Jahrhundert in Bautzen belegte Orgelbautradition fort. Das größte Instrument, das unter seiner Regie entstand, ist die Orgel im evangelischen Teil des Bautzener Petridoms von 1909. Seine Tochter Johanna führte das Geschäft ab 1929 erfolgreich weiter. Mit Hans Eule übernahm 1957 die nächste Generation. Er schuf 134 neue Orgeln, darunter die größte in der DDR gebaute für den Zwickauer Dom. Infolge seines frühen Todes übernahm seine Ehefrau Ingeborg 1971 die Unternehmensleitung. Sie musste sich ein Jahr später der Zwangsverstaatlichung beugen, war aber weiterhin als Betriebsleiterin tätig. Im Jahr 1990 konnte sie die Firma wieder in Familienbesitz übernehmen. Zudem brachte sie sich aktiv in das gesellschaftliche Leben Bautzens ein und war unter anderem Mitglied in der Stiftung Taucherkirche. Im Jahr 2003 wurde sie zur offiziellen Botschafterin der Oberlausitz berufen und erhielt drei Jahre später auch den Sächsischen Verdienstorden für ihre Rettung von Teilen der Orgel der Leipziger Universitätskirche vor deren Sprengung 1968. Im Jahr 2005 folgte ihre Enkeltochter Anne-Christin Eule nach, die das Unternehmen gemeinsam mit ihrem Mann Dirk Eule führt. Orgelbau Eule ist heute weltweit aktiv. Den bislang längsten Weg aus der Bautzener Werkstatt hatte eine Orgel, die nach China geliefert wurde.

Das frühere Erbbegräbnis erinnert an Walter von Boetticher und seine Familie. Er wurde am 11. Dezember 1853 im lettischen Riga geboren. Seine Eltern waren Friedrich von Boetticher und Eugenie geb. Mitschke, die Tochter des Purschwitzer Pfarrers Wilhelm Mitschke. Dem Vater gehörte von 1850 bis 1853 das Rittergut Zschillichau. Nach der Rückkehr der Familie aus Riga besuchte Walter von Boetticher die Dresdener Kreuzschule und studierte anschließend bis 1877 Medizin in Würzburg, Marburg und Jena. Nach seiner Approbation war er als Arzt in der Oberlausitz tätig; zwischen 1894 und 1908 praktizierte er auf der heutigen Bautzener Taucherstraße. Neben der Medizin galt sein besonderes Interesse der Geschichte der Oberlausitz, zu der er intensiv forschte und publizierte. Im Jahr 1905 ernannte ihn die Oberlausitzische Gesellschaft der Wissenschaften zu ihrem Ehrenmitglied. Bleibenden Wert hat vor allem seine von 1912 bis 1923 erschienene, vierbändige „Geschichte des Oberlausitzer Adels und seiner Güter 1635–1815". Seit Oktober 1881 war Boetticher mit Isabella Victoria Agathe Wippermann verheiratet, mit der er sechs Kinder hatte. Er verstarb zwei Jahre nach seiner Frau am 3. Juli 1945 in Oberlößnitz bei Radebeul. Seine sterblichen Überreste wurden 1948 in das Erbbegräbnis der Familie auf dem Taucherfriedhof umgebettet. Heute wird das frühere Familiengrab als Gemeinschaftsgrabanlage neu genutzt.

T90 EIN ERFOLGREICHER UNTERNEHMER UND GROSSZÜGIGER MÄZEN
Carl Ernst Otto Weigang (11.12.1832–02.07.1914)

Das Erbbegräbnis der Familie Weigang gehört zu den repräsentativsten Grabanlagen der Gründerzeit auf dem Taucherfriedhof. Es ist vollständig aus sogenanntem Schwarz-Schwedisch, einem sehr dunklen Gestein, hergestellt. Eine säulenumrahmte Nische mit der Figur einer Trauernden, geschaffen vom Dresdener Bildhauer Carl Röder, bildet den Mittelpunkt. Zu beiden Seiten sind Grabplatten mit den Namen der hier bestatteten Familienmitglieder angebracht.

Carl Ernst Otto Weigang wurde als zweites Kind des Druckereibesitzers Wilhelm Adolph Weigang am 11. Dezember 1832 in Bautzen geboren. Nach dem Schulbesuch absolvierte er im väterlichen Betrieb eine Lehre zum Lithografen und Steindrucker. Im Jahr 1860 heiratete er Anna Sophia Dürlich, mit der er zwei Töchter hatte. Nach dem frühen Tod des Vaters führte er das in der Wendischen Straße 4 ansässige Unternehmen zuerst mit seiner Mutter, dann allein und später mit seinem Bruder Eduard (T85) weiter. Die Brüder bauten die Druckerei aus und entdeckten die Produktion von Zigarrenetiketten als gewinnversprechendes Projekt. Um sich zu vergrößern, erwarben sie Bauflächen an der Ecke Gerberstraße/Vor dem Schülertor und etablierten ab 1863 dort ihre „Chromolithographische Kunstanstalt und Steindruckerei Gebrüder Weigang". Die hohe Nachfrage nach lithografischen Produkten erforderte 20 Jahre später einen Firmenneubau, der in unmittelbarer Nachbarschaft des Taucherfriedhofs an der Löbauer Straße erfolgte. Otto Weigang verantwortete im Unternehmen die technischen und künstlerischen Belange. Der geschäftliche Erfolg erlaubte den Brüdern den Erwerb und Neubau repräsentativer Immobilien wie der berühmten Jugendstilvilla an der Bautzener Wallstraße. Allerdings spendeten sie auch große Summen für karitative und kulturelle Zwecke. Das großzügigste Legat war ihre Unterstützung für das Bautzener Museum, dem Otto Weigang über 200 Gemälde und einen hohen Zuschuss für die Errichtung des Neubaus am Kornmarkt überließ. Neben seiner Arbeit in der Druckerei übte er in der Stadt eine Vielzahl von Ehrenämtern aus, war Vorsitzender des Männergesangvereins, Mitglied des Großen Bürgerausschusses und später der Stadtverordnetenversammlung. Neben dem Museum unterstützte

er den Bau des Restaurants und des Aussichtsturms auf dem Mönchswalder Berg, den Bau des Siechenhauses und die Ausgestaltung der Aula des heutigen Schillergymnasiums. In den Jahren 1898 und 1905 erhielt er hochrangige Auszeichnungen des sächsischen Königs, 1902 wurde er Ehrenbürger von Bautzen. Die 1912 erfolgte Benennung einer Straße nach ihm war Ausdruck der hohen Wertschätzung, die er schon zu Lebzeiten genoss. Otto Weigang starb am 2. Juli 1914 auf seinem Sommersitz in Dresden-Blasewitz.

T91   DER AUFSTIEG EINES FUHRUNTERNEHMERS
Wilhelm Moritz Wobst (25.02.1866–13.07.1960)

Das große, aus Sandstein gearbeitete Grabmal erinnert an den Spediteur Moritz Wobst und seine Familie. Geboren wurde er am 25. Februar 1866 in Teichnitz als viertes Kind von Karl Gottlieb Wobst, Inhaber eines expandierenden Fuhrunternehmens. Im April 1890 übernahm er den väterlichen Betrieb und zwei Jahre später auch den seines Bruders Hermann. Sein Eigentum bestand nun aus neun Pferden und einigen Wagen. Im Juli 1893 heiratete er Anna Rentsch, Tochter eines Gutsbesitzers aus Maltitz, die die Buchhaltung übernahm. Den ersten Großauftrag bekam das Unternehmen von der Margarethenhütte in Großdubrau, für die es ab 1894 alle Transporte übernahm. Dafür bedurfte es neuer Hallen, und so zog Moritz Wobst 1899 von Teichnitz zum neuen Standort an der Bautzener Lazarettstraße, heute Schäfferstraße 48, um. Nach Jahren des Aufschwungs musste Wobst jedoch 1911 mehrere Rückschläge hinnehmen: Einige Pferde waren einer Seuche zum Opfer gefallen, das Unternehmen wurde im August durch ein Großfeuer schwer beschädigt, und im September starb seine Frau. Nach schwierigen Zeiten während des Ersten Weltkriegs erwarb Wobst 1919 den ersten Lastkraftwagen, 1922 das erste Möbelauto und 1924 die ersten Kraftdroschken. Während des Zweiten Weltkriegs musste die Firma erneut schwere Zeiten überstehen. Im April 1945 flüchtete der Firmeninhaber mit 28 Pferden und drei Lastwagen, die er jedoch alle verlor. Nach der Rückkehr nach Bautzen fand er seine Firma zerstört vor. Doch mit viel Fleiß erreichte das Unternehmen bereits 1947 wieder sein Vorkriegsniveau. Moritz Wobst starb am 13. Juli 1960 kurz nach dem 70-jährigen Geschäftsjubiläum seiner Firma.

Eine schlichte Steintafel erinnert an den Bautzener Kirchenmusikdirektor Gerhard Nöbel. Geboren wurde er am 26. Juli
1929 in Dresden. Seine Mutter, eine Gesangssolistin, starb
bereits 1936, sein Vater 1944 im Zweiten Weltkrieg. Daher
wuchs Nöbel bei seinem Onkel in Leipzig auf und besuchte
die dortige Musikhochschule, die er 1951 als Kirchenmusiker
abschloss. Nach einem Jahr in Delitzsch wirkte er bis 1965
als Stadtkantor in Löbau und dann bis zu seinem Ruhestand
1992 als Domkantor, Organist und Kirchenmusikdirektor
in Bautzen. Von 1952 bis zum Renteneintritt lehrte Nöbel
außerdem an der früheren Kirchenmusikschule Görlitz und
war damit der am längsten tätige Dozent dieser Bildungsein-
richtung. Nöbel prägte das Profil seiner Wirkungsstätten mit
glanzvollen Interpretationen als Organist, Chorleiter, Diri-
gent und Cembalist. Außerdem war er als Ritter „Fugenbold"
das führende Mitglied des Vereins „Schlaraffiareych Budis-
sa", dem Bautzener Zweig der 1859 in Prag gegründeten „Ver-
einigung zur Pflege von Freundschaft, Kunst und Humor".
Ihren Erhalt hatte er in Bautzen bis 1989 im Verborgenen zu
sichern vermocht und begleitete auch aktiv den Neuaufbau
nach 1990. Gerhard Nöbel starb am 21. November 2015.

DIE GESCHICHTE
DES MICHAELISFRIEDHOFS

Kai Wenzel

Der Michaelisfriedhof grenzt direkt an den Taucherfriedhof. Beide scheinen sogar ineinander überzugehen, weswegen es auf den ersten Blick nicht auffällt, wo das Gelände des einen beginnt und das des anderen aufhört. Auch ihre Geschichte ist eng miteinander verbunden, liegt doch der Ursprung beider Friedhöfe im mittelalterlichen Bestattungswesen Bautzens. Allerdings steht der Michaelisfriedhof in der historischen Wahrnehmung im Schatten des benachbarten größeren Gottesackers. Da er für die Stadtgeschichte gleichermaßen eine wichtige Rolle spielt und sich auf ihm Grabmäler bedeutender Persönlichkeiten finden, soll seine historische Entwicklung hier kurz dargestellt werden.

Wie im Kapitel zur Geschichte des Taucherfriedhofs beschrieben, war der Kirchhof von St. Petri im Mittelalter der erste christliche Begräbnisort Bautzens. Zur Pfarrei von St. Petri gehörten aber nicht nur die Bewohner der Stadt, sondern auch die der zahlreichen Dörfer in ihrer Umgebung. Bereits im Mittelalter zeigte sich, dass der Petrifriedhof für diese große Gemeinde zu klein war. Zwar sorgte die Anlage des direkt an der nördlichen Stadtmauer gelegenen Nikolaifriedhofs zu Beginn des 15. Jahrhunderts für Entlastung.[1] Auch entwickelte sich die dazugehörige Nikolaikirche im Verlauf des 16. Jahrhunderts zum Gotteshaus für die Dörfer der Bautzener Umgebung. Doch aufgrund seiner Lage auf einem Felsvorsprung reichte ihr Begräbnisplatz nach rund einhundert Jahren nicht mehr aus, weswegen der Taucherfriedhof entstand.

Die Reformation veränderte in der ersten Hälfte des 16. Jahrhunderts die Situation der Kirchgemeinde St. Petri und ihrer Friedhöfe grundlegend. Während das katholische Kollegiatstift St. Petri beim althergebrachten Glauben blieb, bekannte sich die Bautzener Stadtregierung zur Reformation und übernahm die Patronatsherrschaft für die unter ihrem Schutz neu entstandene evangelische Kirchgemeinde St. Petri. Diese konfessionelle Trennung prägt bis heute den Petridom, der als Simultankirche von beiden Glaubensrichtungen genutzt wird.[2] Letztlich durchzieht sie die gesamte Bautzener Sakraltopografie und betraf auch andere Gotteshäuser sowie die Friedhöfe. Denn nachdem sich das evangelische Glaubensverständnis unter den Einwohnern der umliegenden Dörfer verbreitet hatte, richtete der Rat für deren geistliche Betreuung die bis heute bestehende Pfarrei an der Michaeliskirche ein.[3] St. Nikolai hingegen blieb weiterhin unter der Aufsicht des katholischen Kollegiatstifts und diente als Gotteshaus für die katholische Landbevölkerung.[4] Beide Gotteshäuser fungierten sozusagen als Dorfkirchen innerhalb der Stadtmauern, an denen jeweils sorbische Geistliche amtierten, da die umliegenden Dörfer zu dieser Zeit fast ausschließlich sorbischsprachig waren.

Die im Verlauf des 16. Jahrhunderts erfolgte konfessionelle Trennung betraf auch die Bautzener Gottesäcker. Da der Nikolaifriedhof weiterhin dem katholischen Kollegiatstift unterstand und es immer wieder zu Streitigkeiten über das Bestattungsrecht kam, musste der Rat für die evangelische Michaelisgemeinde einen anderen Begräbnisort finden. Der kleine Kirchhof an der Michaeliskirche mit seinem felsigen Untergrund erwies sich dafür als ungeeignet.[5] Lediglich im Gotteshaus selbst scheinen gelegentlich Beerdigungen stattgefunden zu haben, die den adeligen Besitzern der Güter in der Bautzener Umgebung vorbehalten blieben. Davon zeugen zwei historische Grabsteine, von denen einer Agatha Dorothea von Heldreich gewidmet ist, die im Oktober 1645 im Alter von sieben Wochen verstarb.[6]

Die Michaelisgemeinde erhielt das Recht, ihre Verstorbenen auf dem städtischen Taucherfriedhof zu bestatten. Allerdings scheint dieses Zugeständnis mit deutlichen Einschränkungen verbunden gewesen zu sein, da sie ihre Toten gleichzeitig auch auf den anderen evangelischen Bautzener Friedhöfen bestattete, insbesondere auf dem Friedhof am Heilig-Geist-Hospital.[7] Vermutlich blieb ein Begräbnis auf dem Taucherfriedhof nur den höherstehenden Gemeindemitgliedern vorbehalten, wofür das Grabmal des 1820 verstorbenen Andreas Hentsch, des Besitzers des Gutes Burk und Mitglieds der Ökonomischen Gesellschaft im Königreich Sachsen, ein Beispiel ist.[8]

Als auch der Friedhof am Heilig-Geist-Hospital als Begräbnisort für die Michaelisgemeinde nicht mehr ausreichte, erfolgte 1728 seine Erweiterung.[9] Außerdem gründeten

die evangelischen Einwohner des dicht besiedelten und zur Michaelisgemeinde gehörenden Dorfes Seidau 1789 ihren eigenen Friedhof auf dem Protschenberg.[10] Dieser musste 1868 zum ersten und 1881 zum zweiten Mal erweitert werden.[11] Drei Jahre später erhielt er die kleine, malerisch unter alten Bäumen gelegene Kapelle. Auch andere zur Michaelisgemeinde gehörende Dörfer legten sich eigene Friedhöfe an, so Großwelka und Teichnitz 1827, Doberschau 1835, Salzenforst 1892 und Kleinwelka 1925.[12] Bei allen handelt es sich um kommunale Begräbnisstätten, die nicht der Kirchgemeinde, sondern der jeweiligen Ortsverwaltung bzw. seit deren Eingemeindung der Bautzener Stadtverwaltung und ihrer Betriebsgesellschaft unterstehen.

Als das Heilig-Geist-Hospital und sein Friedhof zwischen 1855 und 1899 schrittweise geschlossen wurden, bedurfte es in Bautzen eines neuen Gottesackers. Gleichzeitig zwang der Platzmangel auf dem Taucherfriedhof die Kirchgemeinde St. Petri dazu, das ihrer Schwestergemeinde St. Michael bisher gewährte Bestattungsrecht gegen eine Entschädigungssumme von 3.600 Mark wieder zu entziehen, was die Situation zusätzlich verschärfte.[13] Daher ließ der Bautzener Rat schließlich den Michaelisfriedhof anlegen – die zweite Neugründung eines Gottesackers in der Stadt seit der Reformation. Er entstand direkt neben der Erweiterungsfläche des Taucherfriedhofs (Abteilung 3) und konnte am 29. September 1878 feierlich eingeweiht werden.[14] Seine rechteckige Grundfläche umfasste zunächst reichlich einen halben Hektar, war also wesentlich kleiner als das Areal des Taucherfriedhofs. Das Haupttor, zu dem ein von der Löbauer Straße abzweigender Weg führte, befand sich an der südwestlichen Ecke (Abb. 1). Direkt am Tor entstand ein kleines, wie eine Kapelle aussehendes Aufbahrungsgebäude (Abb. 2). Zusätzlich durfte die 1883 bis 1885 auf dem Taucherfriedhof neu errichtete Trauerhalle mitbenutzt werden, die heute gänzlich der Verwaltung des Michaelisfriedhofs untersteht.

In den Jahren 1899 und 1911 dehnte sich der Taucherfriedhof durch zwei Erweiterungen so sehr aus (Abteilungen 4 und 5), dass er den Michaelisfriedhof auf drei Seiten einschloss. Auch der Zugang zu ihm war nun für längere Zeit nur noch über den Taucherfriedhof möglich. Das alte Haupttor des Michaelisfriedhofs liegt seitdem inmitten des verbundenen Friedhofsareals.[15] Für den Betrieb des Gottesackers erließ die Bautzener Stadtverwaltung seit den 1880er Jahren mehrere Ordnungen.[16] Auch die Vergabe der Begräbnisstellen erfolgte stets durch einen städtischen Verwalter.[17]

Ursprünglich fanden auf dem Michaelisfriedhof vorrangig die Mitglieder der Michaelisgemeinde ihre letzte Ruhestätte, die aus jenen Dörfern rund um Bautzen stammten, die keinen eigenen Gottesacker besaßen. Entlang der Außenmauern entstanden großzügige Erbbegräbnisse, deren Grabsteine und Inschriftentafeln an Gutsbesitzer und Inhaber von Bauernwirtschaften in Burk, Daranitz, Jeßnitz oder Oehna erinnern. Schon in der ersten Hälfte des 20. Jahrhunderts fanden auch Bürgerinnen und Bürger aus Bautzen und Umgebung, die nicht zur Kirchgemeinde gehörten, hier ihre letzte Ruhestätte. Da daher die Fläche des Michaelisfried-

3 Urnengräber-
feld im neueren
Teil des Michaelis-
friedhofs

hofs zunehmend knapp wurde, kamen in den 1930er Jahren
Überlegungen auf, das Areal des nördlich angrenzenden
Zenker'schen Steinbruchs anzukaufen und für eine Erweiterung zu nutzen.[18] Unterbrochen vom Zweiten Weltkrieg,
zogen sich die Verhandlungen über den Grundstückserwerb
bis 1957 hin. Zu diesem Zeitpunkt wollte jedoch die Kirchgemeinde St. Petri den ehemaligen Steinbruch erwerben, um
den Taucherfriedhof zu erweitern und geriet über das Vor-
kaufsrecht mit der Stadt Bautzen in einen heftigen Streit. Der
kirchenfeindlichen Politik der frühen DDR entsprechend
fiel die Entscheidung schließlich zugunsten des Volkseigen-
tums, so dass der Stadtrat die Fläche erwerben durfte und die
Kirchgemeinde St. Petri das Nachsehen hatte.[19] Bevor sich
die Erweiterungsfläche für Bestattungen nutzen ließ, musste
der Steinbruch noch einige Jahre mit Müll- und Schuttmas-
sen verfüllt werden. Danach entstand ein neuer Bereich für
Urnenbestattungen und Ende der 1980er Jahre auch ein weiterer Eingang von der verlängerten Fichtestraße aus (Abb. 3).

So wie in den jüngeren Abteilungen des Taucherfriedhofs
zeichnen sich auch auf dem heute von der Beteiligungs- und
Betriebsgesellschaft Bautzen verwalteten Michaelisfriedhof die
gewandelte Sozialstruktur der Stadt sowie die Veränderungen
in der Bestattungskultur ab. Da viele der großen Erbbegräbnisse schon lange nicht mehr in Nutzung sind, wurden sie in den
vergangenen Jahren zu Gemeinschaftsgrabanlagen umgewan-
delt. Gleichzeitig sind in den früheren Bereichen für Urnenbestattungen größere Freiflächen entstanden – ein typisches
Bild auf zahlreichen kommunalen Friedhöfen in Deutschland.

ANMERKUNGEN

1 Zu Nikolaikirche und -friedhof vgl.: Wenzel, Kai: Die Kirche St. Nikolai. In: Kosbab, Silke/Wenzel, Kai: Bautzens verschwundene Kirchen, Bautzen 2008, S. 149–189.

2 Vgl.: Wenzel, Kai/Mitzscherlich, Birgit/Wohlfarth, Nicole: Der Dom St. Petri zu Bautzen, Bautzen 2016.

3 Zur Geschichte der Michaeliskirche und ihrer Gemeinde vgl.: Mahling, Jan (Hg.): St. Michael Bautzen. Kirche – Gemeinde – Dörfer. Festschrift zum vierhundertjährigen Gemeindejubiläum 1619–2019, Bautzen 2019.

4 Wenzel, St. Nikolai (wie Anm. 1), S. 173–175. Nach der Zerstörung der Nikolaikirche im Dreißigjährigen Krieg ging diese Funktion auf die Liebfrauenkirche über.

5 Das bestätigte sich auch bei Tiefbauarbeiten in den 1920er Jahren: Tischer, Wilhelm: Die Michaeliskirche in Bautzen. In: Evangelisches Gemeindeblatt für Bautzen 4/1 (1928), S. 7 f.

6 Gurlitt, Cornelius: Beschreibende Darstellung der älteren Bau- und Kunstdenkmäler des Königreichs Sachsen, H. 33: Bautzen (Stadt), Dresden 1909, S. 75.

7 Vgl. Kosbab, Silke: Die Hospitalkirche Zum Heiligen Geist. In: dies./Wenzel, Kai: Bautzens verschwundene Kirchen, Bautzen 2008, S. 87–117.

8 Jungrichter, Lutz: Bautzener Grabmale. Taucherfriedhof Teil 1, Bautzen 1993, Nr. 1/80.

9 Archivverbund Bautzen, Stadtarchiv (nachfolgend StA Bautzen),

68002–332, Techell, Karl Friedrich: Chronik, Bd. 6, S. 1051c. Die damals angelegte östliche Kirchhofmauer ist bis heute erhalten.

10 Ebd., S. 1711.

11 Reymann, Richard: Geschichte der Stadt Bautzen, Bautzen 1902, S. 376.

12 Mahling, Jan: Die Gemeinde von 1813 bis 1945, in: ders., Michaeliskirche (wie Anm. 3), S. 77–91, hier S. 83. Zusätzlich entstand 1913 an der Salzenforster Straße der Friedhof für das Alten- und Pflegeheim Bautzen-Seidau, der jedoch seit 1983 nicht mehr genutzt wird.

13 Reymann, Geschichte (wie Anm. 11), S. 376.

14 Ebd.

15 Obwohl das Eingangstor des Michaelisfriedhofs inmitten des Taucherfriedhofs liegt, wurden die heute verschwundenen eisernen Torflügel noch bis vor wenigen Jahrzehnten allabendlich verschlossen. Freundliche Auskunft des ehemaligen Friedhofsverwalters des Taucherfriedhofs Christoph Kretschmer.

16 StA Bautzen, 62003-2566, Erlass polizeilicher Vorschriften über den St. Michaelis-Friedhof und die polizeiliche Aufsichtsführung, 1886–1933.

17 Grabstellenregister sind zu finden unter: StA Bautzen, 62529-4, Grabstellenregister Michaelisfriedhof, 1927–1944.

18 StA Bautzen, 63004, 1268, Erweiterung des Michaelisfriedhofes,

1951–52; Im einem 1938 verabschiedeten Bebauungsplan war dieses Areal als Reservefläche sowohl für den Michaelis- als auch für den Taucherfriedhof vorgesehen worden: StA Bautzen, 63002, 254, Ratsprotokoll, 26. Mai 1952.

19 StA Bautzen, 63004-4355, Nördliche Erweiterung des Taucherfriedhofes und des Michaelisfriedhofes unter Nutzung eines Geländestückes des ehemaligen Zenkerschen Steinbruchs und an der Fichtestraße, 1952–1958.

**DER MICHAELISFRIEDHOF
ALS ERINNERUNGSORT –
AUSGEWÄHLTE
GRABMÄLER DES 19. UND
20. JAHRHUNDERTS**

Heinz Henke und Kai Wenzel

EIN BEDEUTENDER SORBISCHER WISSENSCHAFTLER UND PÄDAGOGE

Korla Arnošt Muka, dt. Carl Ernst Mucke
(10.03.1854–10.10.1932)

Arnošt Muka, an den der Grabstein mit sorbischer Inschrift erinnert, wurde am 10. März 1854 als das erste von sieben Kindern des Großhänchener Rittergutsbesitzers Jan Jurij Muka und seiner Frau Maria Mitašec geboren. Von 1874 bis 1879 studierte er Theologie, Altphilologie und Slawistik in Leipzig sowie kurzzeitig auch in Jena. Nach seiner Promotion im Altgriechischen 1878 war er zunächst als Hilfslehrer in Zittau und später in Bautzen tätig. Auf Druck des Bautzener Bürgermeisters Eduard Löhr musste er seine Tätigkeit an der Realschule wegen seines Eintretens für das sorbische Volk

1883 aufgeben. Muka wechselte daraufhin nach Chemnitz und Freiberg, wo er als Gymnasiallehrer unterrichtete. Nach dem Eintritt in den Ruhestand kehrte er 1917 nach Bautzen zurück und intensivierte hier seine wissenschaftlichen Forschungen. Bereits 1887 hatte er eine Auszeichnung für seine „Historische und vergleichende Laut- und Formenlehre der niedersorbischen (niederlausitzisch-wendischen) Sprache" erhalten. Höhepunkt seines sprachwissenschaftlichen Wirkens war das Wörterbuch der niedersorbischen Sprache und ihrer Dialekte. Hervorzuheben ist auch seine „Statistik der Lausitzer Sorben", die zum Teil auf eigenständigen Forschungen während seiner Wanderungen durch beide Lausitzen beruht. Sie spiegelt das gesamte damalige Leben der Sorben wider und war seinerzeit die genaueste Darstellung der Verhältnisse, insbesondere der Bevölkerungsanteile. Seit 1874 war Muka Mitglied der „Maćica Serbska" und wurde einer ihrer wichtigsten Vertreter. Gemeinsam mit Jakub Bart-Ćišinski gründete er die „Jungsorbische Bewegung" und organisierte 1875 das erste sorbische Studententreffen „Schadźowanka". Noch während seiner Chemnitzer Zeit organisierte er die erste sorbische ethnografische Ausstellung in Dresden und gründete 1900 das Wendische Museum (später Sorbisches Museum) in Bautzen. Seine Bedeutung spiegelt sich auch in zahlreichen Ehrungen und Mitgliedschaften in wissenschaftlichen Vereinigungen. So war er Mitglied der Akademien der Wissenschaften in Krakau, Zagreb, Prag, Belgrad, Sankt Petersburg und Warschau, des Landesvereins Sächsischer Heimatschutz sowie Mitinitiator des Vereins für sächsische Volkskunde. Anlässlich seines Todes am 10. Oktober 1932 fanden Trauerfeierlichkeiten in der Lausitz, in Prag und Zagreb statt. Die Stadt Bautzen ehrte ihn, indem sie anlässlich seines 100. Geburtstags eine Straße in der Ostvorstadt nach ihm benannte. Darüber hinaus wurde im Jahr 2004 auf Veranlassung der „Maćica Serbska" am Haus Weigangstraße 16, in dem Muka von 1917 bis 1932 lebte, eine Gedenktafel angebracht.

EIN SORBISCHER SUPERINTENDENT

Gerhard Wirth, sorb. Gerat Wirth (26.06.1911–06.01.2000)

Gerhard Wirth wurde am 26. Juni 1911 in Wartha bei Königswartha als Sohn eines Bauern geboren. Nach dem Besuch der Volksschule wechselte er an die Landständische Oberschule in Bautzen, die er 1931 abschloss. Danach studierte er Theologie in Berlin, Leipzig und Tübingen, wurde 1935 Vikar in Kleinbautzen und legte 1937 das Zweite Theologische Examen in München ab. Im Jahr 1939 heiratete er Elisabeth Zieschank aus Strehla bei Bautzen. 1941 wurde Gerhard Wirth mit drei anderen sorbischen evangelischen Pfarrern in deutsche Gemeinden versetzt, trat den Dienst jedoch nicht an, weil er zum Militärdienst einberufen wurde. Die Nachkriegszeit erlebte er als Pfarrer in Bautzen und ab 1947 in Neschwitz, wo er sich um den Wiederaufbau der zerstörten Kirche sowie des Diakonats verdient machte. Bis 1954 war er Vorsitzender der Domowina, verlor das Amt jedoch aus politischen Gründen wieder. Im Jahr 1958 wurde er sorbischer Superintendent und war als solcher bis 1979 auch Vertreter der Sorben in der sächsischen Landessynode. Während der friedlichen Revolution gehörte er zu den Erstunterzeichnern des Aufrufs der Sorbischen Volksversammlung zur Ingangsetzung des Reformprozesses bei den Sorben. Außerdem war er 1990/91 maßgeblich an der Neugründung der „Maćica Serbska" beteiligt und zu dieser Zeit auch deren Vorsitzender. Aus seiner wissenschaftlichen Arbeit sind insbesondere seine Forschungen zu sorbischen Sprichwörtern zu nennen, die er ins Deutsche übersetzte. Wirth starb am 6. Januar 2000 in Bautzen-Strehla.

Text übernommen aus Sächsische Biografie, hg. vom Institut für Sächsische Geschichte und Volkskunde e.V., Autor: Michael Nuck

M03 EIN KÜNSTLER AUS LEIDENSCHAFT
Franz Karl Wilhelm Fritz Teichert (19.10.1891–15.08.1966)

Fritz Teichert, an den der einfach gehaltene Grabstein erinnert, wurde am 19. Oktober 1891 als Sohn eines Postbeamten in Dresden geboren. Auf Wunsch seiner Eltern absolvierte er ebenfalls eine Ausbildung bei der Reichspost und bestand 1912 die Prüfung als Assistent im Postbetriebsdienst. Nach verschiedenen Dienststellungen in Ostsachsen kam er 1922 nach Bautzen. Hier trat er eine Stelle beim Finanzamt an, die er bis 1946 innehatte. Trotz der unsicheren wirtschaftlichen Situation nach dem Zweiten Weltkrieg setzte er nun seinen Kindheitswunsch in die Tat um, der ihm einst vom Elternhaus verwehrt geblieben war: Teichert wurde freischaffender Künstler. Als Maler war er ein Naturtalent. Seit seiner frühesten Jugend und später neben seinen beruflichen Aufgaben malte und zeichnete er, wo und wann es ihm möglich war. Die Kenntnisse dafür hatte er sich autodidaktisch angeeignet, viele seiner Fähigkeiten verdankte er nach eigener Aussage dem Bautzener Künstler Berthold Hunger (T76). Zu seinen bevorzugten Motiven gehörte die Lausitzer Landschaft, die er vor allem in der Pastelltechnik wiedergab. Seine 1958 im Bautzener Stadtmuseum gezeigte Ausstellung umfasste 62 Pastelle, 23 Ölgemälde und 5 Aquarelle. Nach langer Krankheit starb Fritz Teichert am 15. August 1966 in Bautzen.

DAS GRAB EINES LANDARZTES M04
Curt Zieschang (20.03.1898–17.07.1988)

Mit drei sandsteinernen Inschriftentafeln sowie einem gro-
ßen Kreuz mit den Psalmworten „Befiehl dem HERRN deine
Wege" ist das Grab des Arztes Dr. Curt Zieschang und seiner
Familie gestaltet.

Geboren wurde Zieschang als Sohn eines Pfarrers am
20. März 1898. Seine Kindheit und Jugend verbrachte er
in Göda. Nachdem er 1916 am Bautzener Gymnasium das
Abitur abgelegt hatte, musste er bis 1918 als Soldat in Frankreich dienen. Danach konnte er sein Studium der Medizin
an der Universität Würzburg beginnen und es in Leipzig mit
einer Promotion erfolgreich abschließen. Praktische Erfahrungen sammelte er an Krankenhäusern in Leipzig, Dresden
und Chemnitz, bevor er sich 1924 als praktischer Arzt und
Geburtshelfer in Gnaschwitz niederließ. Acht Jahre später
verlegte er seine Arztpraxis nach Doberschau. Im Zweiten
Weltkrieg wurde Zieschang zum Kriegsdienst eingezogen
und musste als Frontarzt arbeiten. Ein Jahr nach Kriegsende
kehrte er aus der Gefangenschaft zurück und konnte wieder
als Landarzt in seiner Praxis tätig werden. In Würdigung seiner vieljährigen verdienstvollen Arbeit bekam er den Titel
„Sanitätsrat" verliehen. Am 2. Juli 1956 heiratete er in Esch-
dorf bei Dresden Paula Beyer verw. Rentsch. Curt Zieschang
starb am 17. Juli 1988.

M05 EIN PFARRER AN ST. MICHAEL
Rudolph Lange (21.07.1896–07.06.1969)

Etwas verborgen in einem ehemaligen Erbbegräbnis an der Nordwand des Michaelisfriedhofs befindet sich das Grab des Pfarrers Rudolf Lange. Geboren wurde er am 21. Juli 1896 in Dresden. Nach dem Besuch des dortigen Kreuzgymnasiums studierte er an der Universität Leipzig und war ab 1921 für zwei Jahre als Lehrer tätig. Seine erste Anstellung als Pfarrer erhielt er in Schönfels bei Zwickau, später wechselte er nach Dorf Wehlen. Durch einen Gemeindetausch mit dem aus der Lausitz ausgewiesenen Pfarrer Theodor Kappler kam Lange 1941 nach Bautzen. Hier war er der erste Pfarrer der Gemeinde St. Michael, der nicht die sorbische Sprache beherrschte. Während des Zweiten Weltkriegs betreute er die Gemeinde als einziger Pfarrer und war in den 34 damals zur Gemeinde gehörenden Dörfern als Seelsorger unterwegs. Im April 1945 musste auch er mit seiner Frau aus Bautzen flüchten, kam aber immer wieder zurück. Bereits am 29. April 1945 feierte er einen Gottesdienst in der Michaeliskirche. Nach Kriegsende galt seine Aufmerksamkeit dem Wiederaufbau der zur Gemeinde gehörenden Gebäude und der Reparatur der beschädigten Michaeliskirche. Die Glocke von St. Michael „Friede auf Erden – Měr na zemi" aus dem Jahr 1929 war zwar beschädigt, aber erhalten geblieben. Als einzige noch vorhandene Kirchenglocke läutete sie in Bautzen das Weihnachtsfest 1945 ein. Nach seiner Emeritierung 1962 verfasste Lange seine Erinnerungen an das Kriegsende in Bautzen. Er starb am 7. Juni 1969.

EIN SORBISCHER WISSENSCHAFTLER UND SCHRIFTSTELLER

Pětr Malink, dt. Peter Paul Friedrich Alfred Mahling
(27.07.1931–28.08.1984)

Pětr Malink, an den die sorbischsprachige Grabinschrift erinnert, wurde am 27. Juli 1931 in Lohsa geboren. Weil es seinem Vater während der Zeit des Nationalsozialismus untersagt war, in der sorbischen Heimat weiter als Pfarrer zu arbeiten, besuchte Pětr Malink die Oberschule in Beeskow. Nach dem Krieg kehrte die Familie in die Lausitz zurück, und Malink legte 1951 das Abitur an der Sorbischen Oberschule in Bautzen ab. Unmittelbar danach war er hier als Neulehrer tätig, obwohl er die sorbische Sprache selbst gerade erst erlernt hatte. Im Jahr 1953 heiratete er Katharina Ziesch. Bis 1967 folgten eine Lehrtätigkeit an der Zentralen Sorbischen Sprachschule in Milkel und eine Anstellung als Lektor im Domowina-Verlag Bautzen. Sein Fernstudium an der Universität Leipzig schloss er 1968 als Diplom-Kulturwissenschaftler ab. Als freischaffender Literaturwissenschaftler und Schriftsteller schuf Malink eine Vielzahl von Skizzen, Reportagen, Porträts, Essays und Dramen, die am Deutsch-Sorbischen Volkstheater Bautzen zur Aufführung kamen. Ab 1977 leitete er die Abteilung Literaturgeschichte am Institut für sorbische Volksforschung der Akademie der Wissenschaften der DDR. Im Jahr 1983 wurde er mit einer Arbeit über das Lebenswerk des sorbischen Schriftstellers Jakub Bart-Ćišinski promoviert. Malink starb am 28. August 1984 in Bautzen. Sein Sohn Jan Malink amtierte bis 2020 als sorbischer Superintendent an der Bautzener Michaeliskirche.

M07 EIN BAUTZENER BIBLIOTHEKAR

Erich Lodni (03.10.1902–29.03.1985)

Eine schwarze Grabplatte erinnert an den früheren Leiter der Bautzener Stadtbibliothek Erich Lodni. Geboren am 3. Oktober 1902 in Bautzen als Sohn eines sorbischen Fabrikarbeiters, besuchte Lodni zunächst die Volksschule, danach die Technisch-Gewerblichen Lehranstalten und erlernte schließlich bei den „Bautzener Nachrichten" den Beruf des Schriftsetzers. Schon während der Lehrjahre war er auch als Lokalredakteur bei der „Volkszeitung für die Oberlausitz" tätig. Im Jahr 1931 heiratete er Frieda Zschimmer, mit der er zwei Töchter hatte. Wegen seiner Tätigkeit als Funktionär der SPD, deren Mitglied er seit 1921 war, sowie der Teilnahme an der Verteidigung des Bautzener Gewerkschaftshauses gegen die Nationalsozialisten wurde er im März 1933 in „Schutzhaft" genommen und zeitweise im Konzentrationslager Kupferhammer inhaftiert. Nach Ende des Zweiten Weltkriegs war Lodni zunächst als Lokalredakteur bei der „Lausitzer Rundschau" tätig. Ab 1951 übernahm er die Leitung der Bautzener Stadtbücherei, die er zur Stadt- und Kreisbibliothek umgestaltete, womit ihm die fachliche Leitung aller öffentlichen Bibliotheken des Kreises Bautzen oblag. Darüber hinaus war Lodni unter anderem als Redakteur der „Bautzener Kulturschau" aktiv und schrieb zahlreiche Beiträge zur Stadt- und Regionalgeschichte. Erich Lodni starb am 29. März 1985 in Bautzen.

DIE OPFER EINES SINNLOSEN KAMPFES M08
Massengrab für 388 Soldaten des Zweiten Weltkriegs

In den letzten Wochen des Zweiten Weltkriegs war Bautzen hart umkämpft. Ein großes Holzkreuz erinnert an 388 deutsche Soldaten, die dabei ihr Leben verloren und hier in einem Massengrab bestattet wurden. Zu ihnen gehörte eine Einheit des sogenannten Volkssturms, der als das letzte Aufgebot der Nationalsozialisten bekannt war. Sie sollte am 20. und 21. April 1945 eine Frontlinie zwischen der Landesstrafanstalt und der Muskauer Straße verteidigen. Als ihre Offiziere gefallen waren, ergaben sich die Volkssturmmänner – Familienväter und ihre teilweise noch sehr jungen Söhne –, weil sie größtenteils keine Waffen und Munition mehr hatten und ihnen ein weiterer Widerstand sinnlos erschien. Als Kriegsgefangene wurden sie in eine Scheune im Dorf Niederkaina gebracht, um dort auf ihren Abtransport zu warten. Allerdings waren die Kampfhandlungen noch nicht vorbei: Als die polnischen und sowjetischen Truppen im Zuge eines erneuten Angriffs der deutschen Panzerdivision „Hermann Göring" in Bedrängnis gerieten, wurde die Scheune, in der sie eingesperrt waren, in Brand gesteckt. Am 1. Mai 1945 mussten 30 polnische Gefangene und drei deutsche Männer die Leichen bergen. An der Dorfstraße wurden die 195 in der Scheune Verbrannten und im Schlosspark 53 andere Kriegsopfer durch Pfarrer Rudolph Lange (M05) beigesetzt. Später wurden die 248 Toten und viele weitere aus den Kriegsgräbern in Burk und Neumalsitz wieder geborgen und in dem Massengrab der 388 Namenlosen vereint.

M09 ZEUGNIS VERGANGENER KRIEGSBEGEISTERUNG
Denkmal für die Gefallenen des Ersten Weltkriegs

Zur Kirchgemeinde St. Michael gehören aktuell 32 Dörfer, Orts- und Stadtteile, die wie ein Ring um die Stadt Bautzen liegen. In den meisten dieser Dörfer entstanden während der 1920er Jahre Denkmäler für die im Ersten Weltkrieg gefallenen Angehörigen. Auch die Michaelis-Friedhofsgemeinde wollte darin nicht zurückstehen und einen zentralen Erinnerungsort für ihre Kriegstoten errichten. Durch das Bemühen ihres Vorsitzenden, des Rattwitzer Rittergutsbesitzers Kurt Alexander Jeremias, sowie des Kassenführers Max Graff aus Bautzen-Strehla konnte der Gedenkstein für die 84 Gefallenen der Kirchgemeinde am Totensonntag 1920 eingeweiht werden. Eine Nachbildung des Eisernen Kreuzes bekrönt die aus Granit gearbeitete Stele. Manche der auf ihr Genannten finden auch auf den örtlichen Ehrenmalen in ihren jeweiligen Dörfern Erwähnung. Die von Pfarrer Paul Räde geleitete Einweihungsfeier wurde durch einen zweistimmigen Kindergesang eröffnet. Der Weiherede des Geistlichen lag das auf der Ostseite des Steins stehende Wort des Schriftstellers Theodor Körner „Das Vaterland darf jedes Opfer fordern" zugrunde. Später auch von den Nationalsozialisten für Propagandazwecke verwendet, zeugt es von einer heute nur noch schwer nachvollziehbaren Kriegsbegeisterung und Opferbereitschaft.

AUF DER FLUCHT VERRATEN
Grab für sechs in Oberkaina ermordete KZ-Häftlinge

Das schlichte Holzkreuz erinnert an den tragischen Tod von sechs Menschen im April 1945 kurz vor Ende des Zweiten Weltkriegs. Um die Spuren ihrer Gräueltaten zu verwischen, ließ die SS in den Wochen und Monaten vor Kriegsende in verschiedenen „Räumungsaktionen" die Konzentrationslager mit ihren zahlreichen Außenlagern auflösen. Dabei kam es in der letzten Phase zu überstürzten und chaotischen Abmärschen, da es kaum noch Ausweichlager als Zielorte gab. Die Überlebenden gaben diesen Aktionen im Nachhinein die Bezeichnung „Todesmärsche". Verschiedene Gedenkorte erinnern daran, dass einige dieser „Räumungsaktionen" auch von den KZ-Außenlagern in der Oberlausitz ihren Ausgang nahmen bzw. die Region passierten. Bei einem dieser „Todesmärsche" gelang es sechs KZ-Häftlingen in dem südlich von Bautzen gelegenen Dorf Oberkaina zu entkommen und sich zu verstecken. Allerdings wurde ihr Versteck verraten, und die sechs wurden von der SS-Wachmannschaft aufgespürt und umgebracht. Später entstanden an der Stelle, an der die Ermordeten eilig verscharrt worden waren, würdige Gräber. Im Jahr 1948 wurden die sterblichen Überreste der sechs namenlosen Opfer schließlich auf den Michaelisfriedhof umgebettet.

M11 EIN SOLDAT DES ERSTEN WELTKRIEGS
Ernst Walther Miersch (03.11.1879–10.10.1915)

Den Grabstein für Walther Miersch ziert eine Kupferplatte mit der Darstellung eines toten deutschen Soldaten des Ersten Weltkriegs, der von einem Engel betrauert wird.

Miersch wurde am 3. November 1879 als Sohn des Pächters der unweit der Bautzener Heilig-Geist-Brücke gelegenen Gaststätte „Zu den drei Linden" geboren. Da sein Vater 1892 einen tödlichen Unfall erlitten hatte, betrieb seine Mutter den Gasthof allein, bis er 1906 zwangsversteigert wurde und in den Besitz der Bautzener Brauerei und Mälzerei AG überging. Walther Miersch schlug eine Beamtenlaufbahn als Gerichtsaktuar ein und war zuerst am Amtsgericht in Plauen/Vogtland, später in Dresden tätig. Am 13. Juni 1905 heiratete er Elisabeth Thekla Biesold, die Tochter eines Gutsbesitzers aus Strehla bei Bautzen, mit der er zwei Söhne hatte. Im Ersten Weltkrieg kämpfte Miersch in der Fünften Kompanie des Reserve-Infanterie-Regiments 241 und wurde am 8. Oktober 1915 schwer verwundet. Zwei Tage später starb er im Lazarett Voucy in Frankreich und erhielt am 12. Dezember ein Militärbegräbnis auf dem Michaelisfriedhof. Seine Witwe wohnte ab 1919 auf der Strehlaer Straße 58 (jetzt Dr.-Peter-Jordan-Straße) und kam während der Belagerung Bautzens am 19. April 1945 ums Leben.

DER TAUCHERFRIEDHOF ALS NATURRAUM

Christoph Kretschmer

Betritt man den Taucherfriedhof durch den Südeingang an der Löbauer Straße, so weist die Anlage eine willkürliche Gestaltung auf, welche sich höchstwahrscheinlich an den örtlichen Gegebenheiten bei der Eröffnung des Friedhofs vor 500 Jahren orientierte. Die jetzige Wegeführung geleitet uns zu bestimmten Baulichkeiten wie Kapelle und Begräbniskirche, die erst in den nachfolgenden Jahren errichtet wurden. Dementsprechend sind auch die Standorte der Gehölze recht willkürlich zwischen den angelegten Grabfeldern und Grabstellen angeordnet. Hier finden wir mächtige Lärchen, unterschiedlich alte Eiben, Seidenkiefern, Buchen, Ahorne, Hemlocktannen und eine erst 2018 gepflanzte Platane. Diese stattlichen Gehölze sind unterpflanzt mit den unterschiedlichsten Lebensbaumarten, blühenden Sträuchern und Wacholdervariationen (Abb. 1). Entlang der 1630 errichteten Begrenzungsmauern des ältesten Teiles des Friedhofs (sogenannter Teil 1) bedecken Efeu und Waldrebenpflanzen den Erdboden und die erwähnten Mauern. Teilweise sind

1 Reichhaltige Unterpflanzungen unter hohen Bäumen

2 Dichter Gehölzbestand bietet Lebensraum für Kleintiere und Vögel wie den Buntspecht

die letztgenannten Pflanzen schon viele Jahrzehnte an denselben Standorten beheimatet und weisen eine stattliche Größe und Ausdehnung auf. Diese recht willkürliche Durchmischung des Gehölzbestands und deren altersbedingte Mächtigkeit bietet einer Vielzahl von Tieren einen geeigneten Lebensraum. Hier kann man standorttreue Arten wie Bunt- und Grünspecht (Abb. 2), Meisen und Amseln, Kleiber und Ringeltauben, aber auch Eichelhäher und Elstern finden, die im dichten Bestand der Laub- und Nadelgehölze ideale Nistmöglichkeiten und ganzjährig ausreichend Futterquellen vorfinden. Durch die unterschiedliche Pflanzenbestandsdichte in den einzelnen Friedhofsabteilungen können die genannten Tierarten trotz regen Besucherverkehrs an den Gräbern ein recht störungsfreies Dasein führen. Auch Kleintiere wie die Rote Waldameise, Igel, verschiedene Mausarten, Schmetterlinge und andere nutzen die schon erwähnte reiche Bepflanzung als passendes Refugium für ihr Leben zwischen den Grabstellen.

Etwas anders stellt sich uns die Gestaltung des angrenzenden Friedhofsteils (Teil 2) dar. Hier finden wir eine teilweise geometrisch angelegte Wegeführung vor; die vorhandene Bepflanzung unterliegt einer gewissen Systematik. Vereinzelt stehen dort Großgehölze wie Buchen, Birken, Fichten und Tannen im Wechsel mit teilweise sehr alten Eiben und Lebensbaumarten, Scheinzypressen, Buchsbäumen sowie Blüten- und Heckengehölzen. Auch diese Artenvielfalt bietet zahlreichen der schon genannten Tiere einen geeigneten Lebensraum und ausreichend Nahrungsquellen. Speziell der westliche Teil dieses Areals wird von der Anlage des Garnisonsfriedhofs geprägt, der durch historische Erbbegräbnisse entlang der Umfassungsmauern eingerahmt ist. Prägend präsentiert sich eine meterhohe Eibenhecke, die eine hervorragende Kulisse für das dort befindliche circa drei Meter hohe Holzkreuz auf seinem mächtigen Granitpostament bildet. In jüngerer Vergangenheit wurden zwischen

Ehrenkreuzen aus Porphyr Felsenbirnen, Zierkirschen und Paradiesapfelbäume gesetzt. Diese Gehölze schmücken die Abteilung speziell in den Blütezeiten mit einem herrlichen Flor. Außerdem dominiert eine stattliche botanische Kiefernart diesen Teil der Anlage. Auch hier sind wieder die Umfassungsmauern mit betagtem Efeu und Waldrebenranken begrünt. An einem Einzel-

3 Im Teil 3 des Taucherfriedhofs säumen Linden die geometrisch angelegten Wege

standort wächst schon viele Jahrzehnte eine rotblühende Jasmintrompete und entfaltet in den Sommermonaten ihren außergewöhnlichen Blütenschmuck. Die vielen Eiben stellen mit ihrem Fruchtbehang hauptsächlich für die Amseln in den Wintermonaten eine begehrte Futterquelle dar. Durch den Verzehr der Eibenfrüchte sorgen die Amseln für die Verbreitung der Pflanzenart, da erst beim Durchgang durch den Vogelmagen der unverdaute Fruchtkern seine Keimfähigkeit erlangt. Die bestehenden Erbbegräbnisse sind mit verschiedenen bodendeckenden Gehölzen und Stauden bepflanzt, die einen geeigneten Lebensraum für die bereits aufgeführten Kleintiere bilden. Strukturiert wird der westliche Abschnitt dieses Bereichs durch niedrige Trockenmauern. Diese Gestaltungselemente stellen ebenfalls einen hervorragenden Lebensraum für Zauneidechsen, Ameisen und diverse Käferarten dar.

Der Mauerdurchbruch auf der nördlichen Seite von Teil 2 führt uns in den nächsten Abschnitt der Friedhofsanlage (Teil 3), der im Jahr 1877 seiner Zweckbestimmung übergeben wurde. Hier treffen wir auf eine gänzlich andere Gestaltung. Entlang der geometrisch angelegten Wegeführung sind vor etwa einhundert Jahren Sommer- und Winterlinden gepflanzt worden (Abb. 3). Deren relativ enger Abstand resultiert wohl aus der damaligen Idee, die Bäume im sogenannten „Kopfschnitt" zu erziehen. Aus den unterschiedlichsten Gründen sind diese Schnittarbeiten aber in den Folgejahren vernachlässigt worden, so dass der Habitus der einzelnen Bäume eine Trichterform aufweist. Das hat in der Vergangenheit schon des Öfteren dazu geführt, dass komplette

Bäume bei entsprechender Windstärke auseinanderbrachen und in die Grabfelder stürzten. Auf den zwischen den Wegen liegenden Grabfeldern waren in vergangenen Zeiten große Flächen mit Efeu überwachsen, was jedoch die Pflege mit moderner Technik erschwerte. Nach der Rodung großer Teile des Efeus entstanden zusammenhängende Rasenflächen, die sich in der Folgezeit mit Unmengen von Wildkrokussen schmückten, welche auch noch jetzt im Frühling einen besonderen Blickfang ergeben. Außer den erwähnten Linden strukturieren große Laub- und Nadelbäume diesen Teil des Friedhofs, deren Lebensalter durchaus schon die Grenze von einhundert Jahren überschritten haben. Unterschiedliche Blütensträucher sowie sehr betagte Rhododendren (Abb. 4) lockern mit ihrem Blütenflor zu den entsprechenden Jahreszeiten die Optik der Friedhofsanlage wohltuend auf. Ein großer Teil der Grabanlagen wurde durch niedrige Buchsbaumhecken begrenzt, die sich aber in den vergangenen Jahren durch arttypische Pflanzenkrankheiten bedingt dezimierten. Deshalb ist man dazu übergegangen, Heckenkirschen und Ilexarten für die Grabbegrenzung zu verwenden. Auf dem Teil 3 wurde 1996 damit begonnen, die großen Erbbegräbnisflächen, deren Nutzungsrecht abgelaufen war, in Urnengemeinschaftsanlagen umzugestalten. Diese neu entstandenen Beerdigungsflächen gaben den Fachgärtnern der Friedhofsverwaltung bei der Gestaltung und Auswahl geeigneter Pflanzenarten ein reichhaltiges Betätigungsfeld. Niedrige Felsenmistelarten, Zwergblütensträucher und viele verschiedene Polsterstauden bedecken nun diese neu gestalteten Anlagen. Zusammen mit Blumenzwiebeln und bunten einjährigen Blumenpflanzen schmücken diese Flächen große Teile des Friedhofs. Auf diesem Abteil finden wir auch ein recht junges Exemplar einer relativ seltenen Pflanzenart, den Echten Tulpenbaum (*Liriodendron*). Im Bereich der zwischen 1883 und 1885 erbauten Trauerhalle, aber auch entlang der Umfassungsmauern, begegnen wir den schon erwähnten, oftmals bis einhundertjährigen Rhododendronbüschen. Unterpflanzt sind diese Bestände zum großen Teil mit Efeu, der aufgrund seines Alters in die Wuchsform des Strauchefeus (*Hedera helix „Arborescens"*) übergegangen ist (Abb. 5). Hier bildet er zur Blütezeit eine großartige Bienenweide und mit seinen sich daraus entwickelnden Fruchtständen eine willkommene Nahrungsquelle für unsere einheimischen Amselarten.

In östlicher Richtung verlassen wir den Teil 3 und betreten durch den nächsten Mauerdurchbruch Teil 4 der Friedhofsanlage. Hier setzt sich die Geradlinigkeit der bereits bekannten Wegeführung mit der Begrenzung durch alte Sommer- und Winterlinden fort. Die dazwischen gebetteten Grabfelder sind entweder mit individuell bepflanzten Grabanlagen belegt, oder sie bilden große zusammenhängende Rasenflächen, die den Friedhofsgärtnern die Pflege mit moderner Technik ermöglichen.

Der Teil 4 wie auch der angrenzende Teil 5 werden durch betagte Lebensbaumhecken sowie abermals durch alte Rho-

6 Reizvolle Kontraste zwischen Natur und Stein

dodendronbestände und diverse schon lange im Bestand befindliche Blütengehölze maßgeblich gestaltet (Abb. 6). Als botanische Besonderheiten sind in diesen beiden Teilen die seltene Baummagnolie (*Magnolia soulongiana*) sowie ein stattliches Exemplar des Echten Tulpenbaums mit seinen im Sommer erscheinenden, grünlich gelben Blütenkelchen zu nennen. Weitere Großgehölze wie Colorado- und Hemlocktannen, Schwarzkiefern, Serbische Fichten, Scheinzypressen, Rubinien, Eschen und Ahorne, Ulmen und alte Eiben geben diesen beiden Abteilungen ein prägendes Antlitz (Abb. 7).

7 Verschiedene Baumarten entlang der Wege

Am östlichen Rand von Teil 5 dominieren die großen Rasenflächen der Kriegsgräberanlagen. Hier wurden Opfer des Ersten und Zweiten Weltkriegs bestattet. Aus Gründen der kostengünstigen Pflegbarkeit findet man an diesem Ort nur sparsame Bepflanzungsvarianten. Begrenzt wird der Friedhof auf dieser Seite durch einen Metallzaun, dessen ungünstige Optik durch eine frei wachsende Blütengehölzhecke, bestehend aus Falschem Jasmin, Forsythia, Schneebeere und Weigelie vorteilhaft zu allen Jahreszeiten aufgewertet wird (Abb. 8).

Die Beschreibung des Naturraums Taucherfriedhof verdeutlicht, dass eine Begräbnisanlage nicht nur Trauer, Tod und Erinnerung zum Inhalt haben muss, sondern sich die Besucherinnen und Besucher auch an der reichhaltigen Fauna und Flora sowie der besonderen Atmosphäre erfreuen und einen Moment innehalten können. So lohnt es sich durchaus, den Taucherfriedhof zu den unterschiedlichen Jahreszeiten aufzusuchen und damit immer neue Eindrücke nach Hause mitzunehmen.

ARBEITSPLATZ TAUCHERFRIEDHOF

EIN GESPRÄCH ZWISCHEN DEM FRIEDHOFSVERWALTER ROBERT ECKHARDT, SEINEM VORGÄNGER CHRISTOPH KRETSCHMER UND KAI WENZEL

K. WENZEL: *Herr Eckhardt, wie sind Sie zum Beruf des Friedhofsverwalters gekommen?*

R. ECKHARDT: Friedhofsverwalter an sich ist kein Beruf, es ist eher eine Berufung. Nach dem Abitur 1990 habe ich eine Ausbildung zum Baumschulgärtner bei der Baumschule Sämann in Bautzen gemacht. Dann habe ich meinen Zivildienst im Stadtgarten- und Betriebsamt geleistet. Anschließend war ich im Gartenlandschaftsbau tätig, habe dann von 1994 bis 1999 in Bernburg studiert. Danach war ich zehn Jahre in Bautzen, Berlin und München selbstständig, bin dann 2011 wieder hierher zurückgekommen und habe 2012 auf dem Taucherfriedhof angefangen.

Hatten Sie eine konkrete Vorstellung von Ihrer zukünftigen Tätigkeit, als Sie sich beworben haben?

R. ECKHARDT: Na ja, nicht wirklich. Das hat erst die Zeit mit sich gebracht. Es gab auch keine direkte Einarbeitungsphase. Ich bin mit meinem Vorgänger Herrn Kretschmer zwei Vormittage über den Friedhof gelaufen. Er hat mir vieles erzählt und den großen, dicken Schlüsselbund übergeben. Und dann konnte ich loslegen.

Wie viele Mitarbeiterinnen und Mitarbeiter gibt es aktuell auf dem Taucherfriedhof?

R. ECKHARDT: Wir sind zurzeit sieben Leute. Als ich angefangen habe, waren wir nur sechs, und so ist eigentlich auch der Stellenplan ausgelegt. Der neu hinzu gekommene Mitarbeiter hatte bei uns Strafstunden zu absolvieren, hat sich dann aber sehr für den Friedhof interessiert, war auch noch ehrenamtlich hier tätig. Eines Tages kam er auf mich zu und

sagte: „Es gibt die Möglichkeit, meine Anstellung über das
Jobcenter zu fördern." Da habe ich nicht lange überlegt. Jetzt
ist der junge Mann schon im dritten Jahr hier, und das klappt
wunderbar. Er ist ein sehr wichtiger Bestandteil unseres
Teams geworden.

*Herr Kretschmer, Sie waren der Vorgänger von Herrn Eck-
hardt. Wie sind Sie zu Ihrer Tätigkeit auf dem Friedhof gekommen?*

C. KRETSCHMER: Die Jahre 1989 und 1990 waren eine sehr
unruhige Zeit. Damals hatte Herr Bach noch die Verwaltung
inne, ein alter Gärtnermeister, den ich kannte. Und er hat
mich gefragt: „Wenn du dich mal verändern willst, hätte ich
dich gern als Nachfolger." Ich war damals noch Abteilungs-
leiter für Landschaftsgärtnerei bei der Bautzener Stadtgärtnerei. Dort habe ich im Juni 1989 gekündigt und bin so auf
den Taucherfriedhof gekommen. Das ist eine wunderschöne
Arbeit, sehr vielfältig und umfassend. Das fängt bei der Seel-
sorge an, mit der man den Hinterbliebenen beistehen kann,
und geht bei den gärtnerischen Dingen weiter, die auf dem
Taucherfriedhof mit seinem wunderbaren Pflanzenbestand
zu erledigen sind. Nach der Wende war der Betrieb völlig
neu zu organisieren. Das war eine komplizierte Sache, denn
keiner wusste so genau, wo bekommt man Personal, die finanziellen Mittel oder auch die notwendigen Maschinen
her. Dabei war mir ein alter Herr aus der Kirchgemeinde in

Bramsche eine große Hilfe, der in seiner Berufszeit 20 kleine Friedhöfe verwaltet hatte. Er war regelmäßig hier und stand mir mit Rat und Tat bei der Neuorganisation zur Seite. Eine wichtige Neuerung zur Finanzierung einer solch großen Anlage war die Friedhofsunterhaltungsgebühr, die es ja zu DDR-Zeiten nicht gab. Sie stellte nun den finanziellen Grundstock dar und wurde gegen viele Widerstände eingeführt. Der Taucherfriedhof muss seine Einkünfte ja selbst erwirtschaften, Zuschüsse von kirchlicher Seite sind nicht vorgesehen. Die Häufigkeit der Beisetzungen und die damit verbundenen Gebühren, die den wesentlichen Teil der Einnahmen bilden, können wir nicht beeinflussen. Sie sind in der Friedhofsgebührensatzung festgeschrieben, die wiederum Teil der Friedhofsordnung ist. Daher war es wichtig, in unserem Haushalt entsprechende Rücklagen zur Überbrückung von Engpässen zu bilden. Das hat in den 21 Jahren meiner Dienstzeit auch immer geholfen.

Als Sie, Herr Kretschmer, die Verwaltung des Taucherfriedhofs übernahmen, befanden sich Teile des Areals in einem trostlosen Zustand, insbesondere die Gruftgebäude, aber auch die Taucherkirche. Welche Aufgaben lagen da vor Ihnen?

C. KRETSCHMER: Ja, vieles sah sehr trostlos aus, da es zu DDR-Zeiten kaum eine Chance für die Erhaltung gab (Abb. 2). Nach der Wende konnten dann mit Geldern aus verschiedenen Quellen die dringenden Sanierungen Stück für Stück

2 Erbe der DDR: Blick auf die heruntergekommenen Gruftgebäude Anfang der 1990er Jahre

erfolgen. So mussten zum Beispiel die desolaten Dächer der nördlichen Gruftstraße instand gesetzt werden, was damals etwa 400.000 D-Mark kostete. Der damalige Bundesinnenminister Manfred Kanther besichtigte sogar persönlich den Friedhof (Abb. 3). Auch die Taucherkirche musste dringend saniert werden. Es gab in den 1990er Jahren schon den

3 Besuch des Bundesinnenministers auf dem Taucherfriedhof 1997: Oberbürgermeister Christian Schramm, Innenminister Manfred Kanther, Landtagsabgeordneter Marko Schiemann, Pfarrer Jan Mahling (erste Reihe von links)

Gedanken des Abrisses aufgrund ihres schlechten Zustands und bedingt durch die jahrelange Nutzung als Lager für Baumaterialien. Mithilfe der Stiftung Taucherkirche konnte dann aber der jetzige Zustand hergestellt werden. Neben der Sanierung war es mir auch wichtig, den Friedhof wieder stärker ins Bewusstsein der Stadtbevölkerung zu rücken. Dafür hatte ich mich mit der Volkshochschule in Verbindung gesetzt, für die ich dann regelmäßig Führungen anbot, die bis heute sehr intensiv genutzt werden.

Gibt es besondere Erlebnisse aus Ihrer Arbeitszeit, an die Sie sich immer erinnern werden?

C. KRETSCHMER: Einmal kam eine ältere Dame in die Friedhofskanzlei und beschwerte sich, dass jedes Jahr die von ihr gepflanzten Rosen ihre Knospen einbüßten. Sie beschuldigte deswegen ihre Schwiegertochter. Ich konnte sie aber letztendlich beruhigen und ihr sagen, dass nicht ihre Schwiegertochter Schuld sei, es sei denn, sie hat ein Geweih und vier Beine, sondern das Reh, das viele Jahre auf dem Friedhof seine Heimat hatte. Damit war auch der Streit in der Familie behoben.

R. ECKHARDT: Mir ist es mal passiert, dass sich jemand nackt auf dem Friedhof gesonnt hat. Zwar in einem Bereich, in dem nicht so viel Publikumsverkehr herrscht, aber trotzdem geht das natürlich nicht. Ansonsten haben wir immer wieder mit Leuten zu tun, die den Friedhof als Biergarten ansehen. Da gibt es bestimmte Ecken, in denen wir dann Flaschen und anderes finden.

Herr Eckhardt, auf dem Taucherfriedhof begegnen Ihnen täglich der Tod und die Trauer der Hinterbliebenen. Wird das mit der Zeit zur Routine?

R. ECKHARDT: Zur Routine wird es definitiv nicht, weil jeder Fall anders ist. Besonders berührt es mich, wenn junge Eltern ihre Kinder verloren haben. Da sage ich mir immer: „Hast du ein Glück, dass deine Kinder gesund sind."

Der Taucherfriedhof hat sich im Lauf seiner Geschichte immer wieder verändert. So wurde er mehrfach vergrößert. Welche Veränderungen gibt es aktuell, und welche Herausforderungen sehen Sie zukünftig für den Friedhof?

R. ECKHARDT: So wie sich die Gesellschaft ständig verändert, muss man sich auch auf dem Friedhof immer wieder neue Sachen einfallen lassen. Wir haben die Konkurrenz ja auch in direkter Nachbarschaft mit dem kommunalen Michaelisfriedhof. Vor ein paar Jahren gab es Bestrebungen, einen Bestattungswald am Czorneboh anzulegen. Als das dann nicht umgesetzt wurde, habe ich mir überlegt, dass wir auf einer freien Wiese eine Baumpflanzung anlegen können (Abb. 4). Das war 2018, wir haben mit zwei Bäumen angefangen, unter denen jeweils acht Beisetzungen möglich sind. Innerhalb eines Jahres waren von den 16 Grabstellen bereits 15 vergeben. Inzwischen haben wir zehn Bäume, und der Trend ist ungebrochen. Auch die anonymen Beisetzungen haben leider in

4 Neues Konzept seit 2018: einfache Bestattungen auf einer Wiese unter Bäumen

den letzten Jahren stark zugenommen. Eine andere Herausforderung ist es aber auch, gutes Personal für den Betrieb des Friedhofs zu finden. Heute bekommt man nicht mehr zehn Bewerbungen zugeschickt. Da muss man sich mit einer oder zwei zufriedengeben. Das wird zukünftig bestimmt ein Problem.

In früheren Zeiten war der Taucherfriedhof der Begräbnisort für die evangelische Kirchgemeinde St. Petri, der Michaelisfriedhof hingegen für die evangelischen Bewohner der Dörfer in der Bautzener Umgebung. Existiert diese Trennung heute noch, oder anders gefragt: Wer findet heute seine letzte Ruhestätte auf dem Taucherfriedhof und wer auf dem Michaelisfriedhof? Und wie gestaltet sich die Nachbarschaft der beiden Friedhöfe?

R. ECKHARDT: Mit den Mitarbeiterinnen und Mitarbeitern – es sind ja nur zwei dauerhaft auf dem Michaelisfriedhof im Einsatz – gibt es eine wunderbare Zusammenarbeit. Wir helfen uns gegenseitig, wir borgen uns auch mal eine Maschine aus. Da kann ich mich überhaupt nicht beklagen. Mit der Stadt Bautzen, die ja den Friedhof betreibt, ist es ein bisschen schwieriger, weil sie als Monopolfriedhof quasi die Preise festlegt. Da spüren wir schon eine Konkurrenz. Wer heute auf dem Taucherfriedhof und auf dem Michaelisfriedhof seine letzte Ruhestätte findet, das lässt sich so pauschal gar nicht sagen. Die alte Trennung zwischen den Stadtbewohnern und den Kirchspielbewohnern von St. Michael gibt es schon seit Jahrzehnten nicht mehr. Ob die Leute vom Dorf oder aus der Stadt kommen, ob sie Atheisten oder Christen sind, spielt für uns keine Rolle. Man kann heutzutage frei wählen, auf welchem Friedhof man bestattet werden möchte, da ein Friedhofszwang nicht mehr besteht. Bei uns ist jeder willkommen.

Der Taucherfriedhof ist auch ein Naturraum inmitten der Stadt. Gibt es hier besondere Pflanzen und Tiere?

C. KRETSCHMER: Ja, auf dem Friedhof sind Tiere beheimatet, die man in der Stadt nicht erwartet. Das Reh hatte ich schon erwähnt. Wir hatten hier aber auch Füchse, die ihre Jungen in den alten Gruftanlagen aufgezogen haben. Das hat auch Probleme mit sich gebracht, da der Fuchs nach Mäusen buddelt und dabei schon mal Grabstellen umackert. Es gab

auch mal ein Kuriosum, als eine Dame zu mir kam und sagte: „Herr Kretschmer, kommen Sie bitte mal mit. Aus dem frisch angelegten Grab schaut ein Hühnerbein heraus." Da hatte der Fuchs ein Huhn auf den Friedhof geschleppt und in dem Grabhügel verbuddelt. Und tatsächlich schaute das Hühnerbein mitten aus dem Grabhügel heraus. Andere Tiere sind entweder als Gast oder als Dauerbewohner auf dem Friedhof. Das ist ein wunderbares Refugium mit alten Bäumen, in denen auch Fledermäuse ihre Sommerquartiere haben. Und als solches stellt der Taucherfriedhof inmitten des Stadtgefüges schon eine Besonderheit dar.

R. ECKHARDT: Der Schutz der Flora und Fauna gehört auch zu meinen Aufgaben als Friedhofsverwalter. Wir haben aktuell etwa 1.000 Bäume auf dem Taucherfriedhof, das ist ein Wald inmitten der Stadt (Abb. 5). Wir haben auch ein Baumkataster angefertigt, damit wir wissen, welche Bäume mit welchem Alter und mit welcher Höhe es hier gibt. Und wir wollen jetzt verstärkt Bäume pflanzen, die besser mit den sich verändernden Klimabedingungen zurechtkommen. Das versuche ich aktuell auf der Wiese mit den Baumbestattungen zu realisieren.

Wie groß ist der Taucherfriedhof aktuell?

R. ECKHARDT: Das Areal hat eine Größe von 7,9 Hektar. Dazu kommt noch der angrenzende Wirtschaftshof mit etwa einem Hektar. Für diese Flächen zahlen wir reichlich 4.000 Euro Pacht pro Jahr. Wir müssen uns finanziell selbst über Wasser halten, aber auch noch Pacht bezahlen, was die Sache nicht einfacher macht.

C. KRETSCHMER: Um 1990 gab es noch andere Herausforderungen. Der Friedhof war in einigen Teilen mit Grabstellen so dicht belegt, dass der Einsatz von Maschinen kaum möglich war. Auch war der Fundus an Maschinen sehr überschaubar. Es gab einen Elektrorasenmäher, der ständig auseinanderfiel und nur in der Nähe von Steckdosen betrieben werden konnte, die auf dem großen Friedhof aber nicht vorhanden sind. Dazu gab es einen Multicar, eine Sense, mehrere sehr marode Heckenscheren und ein paar Handsägen. Wir haben erst mal neue Gerätschaften gekauft, vor allem einen Spezialbagger für das Anlegen der Gräber, der so konstruiert war, dass man auch in die dicht belegten Grabfelder hineinfahren konnte.

Die Zeit nach 1990 war auch in Bautzen durch einen starken Bevölkerungsrückgang geprägt. Trotz Eingemeindungen hat die Stadt seitdem rund 15.000 Einwohner verloren. Macht sich dieser Rückgang auch auf dem Taucherfriedhof bemerkbar?

C. KRETSCHMER: Die Größe des Friedhofs macht insofern Schwierigkeiten, als man heute nicht mehr diese Flächen für Bestattungen braucht. Die Bestattungskultur hat sich ja stark verändert, es gibt heute vor allem Urnenbestattun-

6 Neuzeitliches Urnengräberfeld

gen (Abb. 6). Um 1990 war das noch ganz anders, da gab es noch fast 40 Prozent Erdbestattungen gegenüber 60 Prozent Urnenbestattungen. Damals war die Anlage der Gräber auch noch weitgehend Handarbeit. Dafür brauchten wir entsprechende Leute, die diese schwere körperliche Arbeit leisten konnten. Ich habe selbst auch Gräber mitgeschaufelt. Für die Herstellung einer Grube braucht man, wenn man nicht gerade ein Recke ist, einen Tag angesichts der unterschiedlichen geologischen Verhältnisse. Das reicht vom anstehenden Granit über Mergel und Sand – alle Bedingungen sind hier auf dem Friedhof vorhanden.

R. ECKHARDT: Ich möchte noch hinzufügen, dass die rückläufige Bevölkerungszahl noch keine Auswirkung auf die Anzahl der Bestattungen hat. Seit längerem gibt es konstant um die 300 Bestattungen pro Jahr. Während der Corona-Pandemie sind diese Zahlen etwas angestiegen. Aber wirklich rückläufig sind sie nicht.

Der Taucherfriedhof feiert 2023 sozusagen seinen 500. Geburtstag. Daher möchte ich Sie beide gern fragen: Gibt es einen Wunsch, den Sie dem Friedhof für die Zukunft mit auf den Weg geben möchten?

C. KRETSCHMER: Ich wünsche dem Taucherfriedhof, dass er immer die Bedeutung behält, die er über die Jahrhunderte für die Stadt Bautzen hatte und dass er auch im Gedächtnis der Menschen bleibt.

R. ECKHARDT: Ich wünsche dem Friedhof viele gute Ideen und ein positives Feedback von der Bautzener Bevölkerung, aber auch den Mut, wieder etwas Neues anzufangen. Und dass es stets ein starkes Team gibt, das sich für den Friedhof einsetzt – das hat er verdient.

ANHANG

QUELLEN- UND LITERATURVERZEICHNIS

1 TEXTBEITRÄGE

Quellen und ungedruckte Arbeiten

Archivverbund Bautzen, Präsenzbibliothek
Jungrichter, Lutz: Bautzener Grabmale. Taucherfriedhof Teil 1 bis 3, Bautzen 1993, ungedrucktes Manuskript im Archivverbund Bautzen, Archivbibliothek StA 338 bis 340

Archivverbund Bautzen, Stadtarchiv
62000-991, Stiftungsbuch für Taucherkirche und Taucherfriedhof, 1599
62000-993, Verzeichnis der Grabstellen auf dem Taucherfriedhof, 1667–1668
62000-994, Verzeichnisse der Begräbnisstellen auf dem Taucherfriedhof, 1602
62003-2566, Erlass polizeilicher Vorschriften über den St. Michaelis-Friedhof und die polizeiliche Aufsichtsführung, 1886–1933
62008-1881, Bauten und Reparaturen in der Begräbniskirche zum Taucher und beider Kirchhöfe, 1837–1852
62008-1884, Unterhaltung und Beaufsichtigung des Friedhofes zum Taucher 1898–1930
62008-1889, Erbauung eines Leichengeräteschuppens, 1897–1900
62008-2029, Gebahrung mit dem auf dem Kirchhof zum Taucher befindlichen alten Leichensteinen, 1848–1867
62529-4, Grabstellenregister Michaelisfriedhof, 1927–1944
63002-254, Ratsprotokoll vom 26. Mai 1952
63004-1268, Erweiterung des Michaelisfriedhofes, 1951–52
63004-4355, Nördliche Erweiterung des Taucherfriedhofes und des Michaelisfriedhofes unter Nutzung eines Geländestückes des ehemaligen Zenkerschen Steinbruchs und an der Fichtestraße, 1952–1958
68001-38 Genehmigungen von Musikaufführungen in der Taucherkirche, 1850–1852
68001-337, Bericht des Stiftungsadministrator Carl Traugott Fiedler über die Nutzung der Francke'schen Gruft auf dem Taucherfriedhof als Wachstube der preußischen Armee, 16. April 1813
68002-200, Band 1 bis 28, Chronik des Christian Gottlieb Platz
68002-327 bis 68002–340, Chronik des Karl Friedrich Techell

Landesamt für Denkmalpflege Sachsen, Archiv
Diverse Akten der Königlich Sächsischen Kommission zur Erhaltung der Kunstdenkmäler

Kirchgemeindearchiv St. Petri Bautzen
Begräbnisbuch für Ostarbeiter 1940/45 mit Toten- und Bestattungsscheinen, Beerdigungsbuch für Bürger und Flüchtlinge im Jahr 1945, Verzeichnisse für bestattete Militärpersonen

Kreisarchiv Bautzen
510a–25040, Taucherfriedhof Bautzen, o. Bl.

Gedruckte Quellen und Literatur

Bahlcke, Joachim (Hg.): Die Oberlausitz im frühneuzeitlichen Mitteleuropa. Beziehungen – Strukturen – Prozesse, Leipzig 2007

Baumgärtel, Friedrich: Die kirchlichen Zustände Bautzens im 16. und 17. Jahrhundert, Bautzen 1899

Baur, Ludwig: Friedhofsanlage und Friedhofskunst, Mönchengladbach 1914

Bechter, Barbara/Fastenrath, Wiebke (Bearb.): Georg Dehio. Handbuch der deutschen Kunstdenkmäler. Sachsen I, Regierungsbezirk Dresden, München/Berlin 1996

Buchwald, Georg (Hg.): Neue sächsische Kirchengalerie. Die Diöcese Bautzen, Leipzig 1905

Fischer, Friedrich: Eine Christliche vnd zwar die Erste Predigt So da ist gehalten worden in dem auffm Gottesacker Newerbaweten Kirchlein zum Taucher genennt […], Budissin 1600

Geller, Hans: Franz und Ferdinand Pettrich. Zwei sächsische Bildhauer aus der Zeit des Klassizismus, Dresden 1953

Gerblich, Walter: Johann Leisentritt und die Administratur des Bistums Meißen in den Lausitzen, Leipzig 1959

Große, Gottfried: Die Weihe der Taucherkirche. In: Evangelisches Gemeindeblatt für Bautzen 2/9 (1926)

Große, Gottfried: Zur Erneuerung der Taucherkirche. In: Evangelisches Gemeindeblatt für Bautzen 2/9 (1926)

Gurlitt, Cornelius: Beschreibende Darstellung der älteren Bau- und Kunstdenkmäler des Königreichs Sachsen, H. 21–23: Stadt Dresden, Dresden 1903

Gurlitt, Cornelius: Beschreibende Darstellung der älteren Bau- und Kunstdenkmäler des Königreichs Sachsen, H. 32: Bautzen (Land). Dresden 1908

Gurlitt, Cornelius: Beschreibende Darstellung der älteren Bau- und Kunstdenkmäler des Königreichs Sachsen, H. 33: Bautzen (Stadt). Dresden 1909

Hasse, Hans-Peter/Wartenberg, Günther (Hg.): Caspar Peucer (1525–1602). Wissenschaft, Glaube und Politik im konfessionellen Zeitalter, Leipzig 2004

Heal, Bridget: The cult of the Virgin Mary in early Modern Germany. Protestant and catholic piety, 1500–1648, Cambridge 2007

Heßler, Karl Albert: Die milden Stiftungen der Stadt Budissin, 3 Hefte, Bautzen 1847, 1849, 1850

Knauthe, Christian: Derer Oberlausitzer Sorberwenden umständliche Kirchengeschichte, Görlitz 1767

Koch, Uwe/Wenzel, Kai (Hg): Unsterblicher Ruhm. Das Epitaph des Gregorius Mättig und die Kunst des 17. Jahrhunderts in der Oberlausitz, Görlitz/Zittau 2013

Kosbab, Silke/Wenzel, Kai: Bautzens verschwundene Kirchen, Bautzen 2008

Kreitzer, Beth: Reforming Mary. Changing Images of the Virgin Mary in Lutheran Sermons of the Sixteenth Century, Oxford 2004

Lexikon des Mittelalters, Bd. 5, Stuttgart 1999

Lutsch, Hans: Verzeichnis der Kunstdenkmäler der Provinz Schlesien, Bd. 3: Die Kunstdenkmäler des Regierungsbezirks Liegnitz, Breslau 1891

Mahling, Jan (Hg.): St. Michael Bautzen. Kirche – Gemeinde – Dörfer. Festschrift zum vierhundertjährigen Gemeindejubiläum 1619–2019, Bautzen 2019

Martin Luthers Werke. Kritische Gesamt-Ausgabe, Abt. 1: Werke, Bd. 6, Weimar 1888

Mirtschin, Hans: 800 Jahre Rathaus Bautzen. Baugeschichte und Baugestalt, Bautzen 2013

Neues Oberlausitzer Hausbuch 2019, Königsbrück 2019

Reymann, Richard: Geschichte der Stadt Bautzen, Bautzen 1902

Schenk, Andreas: Auf den Spuren Oswin Hempels. Ein Dresdner Architekt der Reformbewegung des frühen 20. Jahrhunderts. In: Lupfer, Gilbert/ Rudert, Konstanze/Sigel, Paul (Hg.): Bau + Kunst. Kunst + Bau. Festschrift zum 65. Geburtstag von Professor Jürgen Paul, Dresden 2000, S. 248–254

Schmidt, Eva: Mittelalterliche und barocke Plastik der Oberlausitz, Bautzen 1984

Schwerhoff, Gerd/Völker, Marion/Stadt Bautzen (Hg.): Eide, Statuten und Prozesse. Ein Quellen- und Lesebuch zur Stadtgeschichte von Bautzen (14.–19. Jahrhundert), Bautzen 2002

Seifert, Siegfried: Johann Leisentritt 1527–1586 zum vierhundertsten Todestag, Leipzig 1987

Seifert, Siegfried: Niedergang und Wiederaufstieg der katholischen Kirche in Sachsen 1517–1773, Leipzig 1964

Siewert, Ulrike (Hg.): Die Stadtpfarrkirchen Sachsens im Mittelalter und in der Frühen Neuzeit, Dresden 2013

Sonnen, Max: Friedhofskunst. Vorschläge für die schönheitliche Ausgestaltung der Friedhöfe, Münster 1918

Starck, Christiane: Sascha Schneider. Ein Künstler des deutschen Symbolismus, Marburg 2016

Ullmann, Kati: Der Architekt Woldemar Kandler. Ländliche Sakralbauten des Kirchenbaumeisters in Sachsen, Saarbrücken 2010

Vötig, Richard: Die simultankirchlichen Beziehungen zwischen Katholiken und Protestanten zu St. Peter in Bautzen, Borna/Leipzig 1911

Wagner, Johann Christoph: Budißinische Grab- und Gedächtnis-Mahle […], Budissin 1697

Wagner, Johann Christoph: Epitaphia Budissinensia Quotquot Latii Sermonis, in Templis et Coemeteriis […], Budissin 1696

Wenzel, Kai/Mitzscherlich, Birgit/Wohlfarth, Nicole: Der Dom St. Petri zu Bautzen, Bautzen 2016

Wetter, Evelin (Hg): Formierungen des konfessionellen Raumes in Ostmitteleuropa, Stuttgart 2008

Zimmer, Jürgen: Joseph Heintz der Ältere als Maler, Weißenhorn 1971

Periodika

Evangelisches Gemeindeblatt für Bautzen

Bautzener Kulturschau

„Budissinische wöchentliche Nachrichten" (später „Budissinische Nachrichten" [1809–1827], „Budissiner Nachrichten" [1828–1868] und „Bautzener Nachrichten" [1868–1934]), online: https://digital.slub-dresden.de/

2 BIOGRAMME

Primärquellen im Archivverbund

Stadtarchiv Bautzen
Hier ist nur eine pauschale Auflistung der Bestände möglich, die meisten der
angeführten Bestände sind online abrufbar: https://www.archivverbund-
bautzen.findbuch.net/php/main.php.

Personenstandsunterlagen, insbesondere
– 61001 Geburtsregister Stadt Bautzen
– 61002 Eheregister Stadt Bautzen
– 61003 Sterberegister Stadt Bautzen
Neues Archiv, insbesondere
– 62004 Kirchen und Schulsachen, hier insbesondere Klassifikationsgrup-
pe IV.II.A.d
– Verzeichnis der Geborenen, Getrauten und Gestorbenen bei der Kirche
St. Petri und IV.II.B.c
– Verzeichnis der Geborenen, Getrauten und Gestorbenen bei der Kirche
St. Michael
Rechnungsarchiv
– 62500 Ältere Kopf- und Vermögenssteuer
– 62502 Stadtsteuer
– 62503 Gewerbesteuer
– 62504 Gewerbe- und Personalsteuer
– 62506 Personensteuer
– 62800 Stiftungen
Archivische Sammlungen
– 68003 Aufgebote
– 68010 Bürgerbücher

Staatsfilialarchiv Bautzen
50347 Stadt Bautzen, hier insbesondere Nachlassangelegenheiten und Testa-
mente

Ungedruckte Arbeiten

Jungrichter, Lutz: Bautzener Grabmale (wie oben)

Gedruckte Quellen und Literatur

Adressbücher der Stadt Bautzen von 1868 bis 1938, online: https://digital.
slub-dresden.de/
Allgemeine Enzyklopädie der Wissenschaften und Künste in alphabetischer
Folge
Bensch, Andreas: Die Schlacht bei Bautzen 1813, Bautzen 2003
Gerth, Andreas: Mystisches Bautzen, Spitzkunnersdorf 2015
Gurlitt, Cornelius: Beschreibende Darstellung der älteren Bau- und Kunst-
denkmäler des Königreichs Sachsen. Heft 21–23, 32–33 (wie oben)
Heßler, Karl Albert: Die milden Stiftungen der Stadt Budissin (wie oben)

Hergang, Karl Gottlob: Friedrich Gottlob Franke in seinen Stiftungen, Bautzen 1822

Katalog der Leichenpredigten und sonstiger Trauerschriften in Bibliotheken, Archiven und Museen zu Bautzen und Löbau, Stuttgart 2002

Monse, Georg Gotthold: Früchte meiner freien Stunden, Bautzen 1798

Rabe, Wolfgang: Die Schlacht bei Bautzen am 20./21. Mai 1813, Bautzen 1993

Reymann, Richard: Geschichte der Stadt Bautzen, Bautzen 1902

Schulz, Hagen: Denkmal Kaserne – Bautzen als Garnisonsstadt/II. Militärische Einheiten und Truppenteil, Bautzen 1999

Siebelis, Carl Gottfried: Kurze Lebensbeschreibung des M. Carl Gottfried Siebelis, Bautzen 1843

Wagner, Johann Christoph: Budißinische Grab- und Gedächtnis-Mahle (wie oben)

Wilke, Carl: Chronik der Stadt Budissin (Bautzen), Bautzen 1843

Zahn, Heinrich Louis: Goldenes Buch der Stadt Bautzen über die ihrer Verwaltung oder Aufsicht unterstehenden Stiftungen, Bautzen 1917

Zedler, Johann Heinrich: Grosses vollständiges Universal-Lexikon aller Wissenschaften und Künste, 1731–1754, online: https://www.zedler-lexikon.de

Zoff, Jutta: Die Harfe – mein Leben, Bautzen 2009

Online-Ressourcen

Sächsische Biografie, hg. vom Institut für Sächsische Geschichte und Volkskunde e. V., Online-Ausgabe: http://www.isgv.de/saebi/

Gesamtkatalog deutschsprachiger Leichenpredigten, online: https://www.online.uni-marburg.de/fpmr/html/db/gesa_rs1.html

Periodika

Budissinische wöchentliche Nachrichten (wie oben)

Jahresschriften des Museums Bautzen

Neues Lausitzisches Magazin, hier insbesondere die Nekrologe

Bautzener Kulturschau

BILDNACHWEIS

Archivverbund Bautzen, Stadtarchiv: S. 20 r. (62000-991), S. 39 (69100-1904), S. 41 (69100-1968), S. 195 (69101-124, Foto: Carmen Schumann)

Cornelius Gulitt: Beschreibende Darstellung der älteren Bau- und Kunstdenkmäler des Königreichs Sachsen, H. 33: Bautzen (Stadt), Dresden 1909, S. 95 (Umzeichnung: Stefanie Bader): S. 16

Holger Hinz: S. 18, 23, 25, 28 u., 29, 34–35, 42, 44, 46–47, 50–51, 53–54, 65, 67–163, 166–168, 170, 173–191, 193, 196, 198–199, 201

Kulturhistorisches Museum Görlitz, 10-1953 (Repro: Kai Wenzel): S. 11

Landesamt für Denkmalpflege Sachsen, Bildsammlung: S. 28 o. (Foto: Richard Kaiser), S. 30 (Inv.-Nr. 33/54), S. 31 (Inv.-Nr. 33/52)

Museum Bautzen: S. 15 (R 6768, Foto: Holger Hinz), S. 17 (R 4963, Foto: Holger Hinz), S. 36 (4238, Foto: Holger Hinz)

Privatbesitz Kai Wenzel: S. 32 r. (Postkarte)

Sächsisches Staatsarchiv, Hauptstaatsarchiv Dresden, 11345 Ingenieurkorps, Nr. 159: S. 12

Eberhard Schmitt: S. 194

SLUB Dresden / Deutsche Fotothek: S. 38

SLUB Dresden, Digitale Sammlungen: S. 49 (Hist.Sax.H.869.s-1887), 52 (Hist.Sax.H.869.s-1924)

Sorbisches Museum Bautzen, Sammlung, SM-V-010592: S. 24

Staatliche Kunstsammlungen Dresden, Kupferstichkabinett, Inv.-Nr. C 1985-1302 (Foto: Andreas Diesend): S. 32 l.

UB Leipzig (abgerufen unter https://katalog.slub-dresden.de/id/0-1112034 722): S. 20 l.

AUTORENVERZEICHNIS

KAI WENZEL M. A. ist stellvertretender Direktor der Görlitzer Sammlungen und im Kulturhistorischen Museum Görlitz als Kurator für die Kunstsammlungen sowie die wissenschaftsgeschichtlichen Sammlungen verantwortlich. Er studierte Kunstgeschichte und Amerikanistik an der Universität Leipzig sowie der Karlsuniversität Prag. Seine Forschungsschwerpunkte liegen in der Kunstgeschichte des östlichen Mitteleuropas vom Spätmittelalter bis zur Gegenwart. In der Publikationsreihe des Archivverbunds Bautzen war er als Autor an den Bänden „Bautzens verschwundene Kirchen" und „Der Dom St. Petri zu Bautzen" beteiligt.

HEINZ HENKE, von Kindheit an heimatkundlich interessiert, studierte Elektrotechnik und Chemie. Als Absolvent kam er nach Bautzen und erwarb sich als Stadtführer in mehr als 45 Dienstjahren umfangreiche regionalgeschichtliche Kenntnisse. Wegen seiner Familiengeschichte befasste er sich intensiv mit den simultanen Kirchenverhältnissen in Deutschland, hielt dazu bundesweit Vorträge und veröffentlichte ein Buch. Als betrieblicher Umweltbeauftragter in einem Nachbargelände zum Taucherfriedhof musste er sich u. a. mit den Belangen des Friedhofs befassen, was dazu führte, dass er dessen Geschichte und die der dort Bestatteten tiefgehend erkundet hat.

CHRISTOPH KRETSCHMER, geb. 1948 in Lobetal bei Bernau, zog mit seinen Eltern 1957 nach Kleinwelka bei Bautzen. Nach Abschluss der Schule erlernte er den Beruf eines Gärtners, qualifizierte sich zum Meister und schloss 1978 das Fachschulstudium zum Gartenbauingenieur ab. Danach leitete er mehrere Jahre die Abteilung Landschaftsgärtnerei in der damaligen Stadtgärtnerei Bautzen und verwaltete nach 1990 bis zum Erreichen des Pensionsalters 2011 den Gottesacker zum Taucher der Evangelisch-Lutherischen Kirchgemeinde St. Petri Bautzen.

GRIT RICHTER-LAUGWITZ, geboren und aufgewachsen in Bautzen, nach dem Studium der Archivwissenschaft an der Fachhochschule Potsdam übernahm sie im September 1991 den Wiederaufbau des Stadtarchivs Bautzen, seit Juni 2001 ist sie die Leiterin des Archivverbundes aus Stadtarchiv und Staatsfilialarchiv Bautzen.

PERSONENREGISTER